飛距離を伸ばすことがスコアアップにつながる

飛距離とスコアの関係について、数年前までは具体的なデータが存在しなかったが、アメリカの大学教授によるPGAツアー選手のデータ分析によって、「飛ぶ選手ほどスコアがいい」という、明確な関連性が発見された

2 PGAツアーでは飛ぶ選手がより多く稼いでいる

PGAツアーでは、「飛距離の出るプレーヤーほど年間獲得賞金額が多くなる」という傾向が、年々強まっている。R・マキロイらの数字にそれが表れている。逆に言えば、ツアーで稼ぐには、飛距離アップが必須ということ

ブルックス・ケプカ
Brooks Koepka

Driver 平均飛距離
309.0ヤード（10位タイ）

獲得賞金額
968万4006ドル（1位）

ダスティン・ジョンソン
Dustin Johnson

Driver 平均飛距離
312.0ヤード（4位）

獲得賞金額
553万4619ドル（7位）

Driver 飛距離ランク
上位10人の合計獲得賞金額
→
3459万5931ドル
（ツアー賞金総額の約10%）

※データはすべて2018～2019シーズンのもの。賞金額にはフェデックスカップボーナスは含まない

3

「地面反力」はもっとも有効な飛距離アップのツール

「地面反力」が
体の回転をうながす
加重した後の
「抜重」によって
「地面反力」が得られる
加重した分だけ
力が跳ね返る
体の回転によって
ヘッド速度が上がる

ツアープロの飛距離が伸び続けているのは、バイオメカニクス（生体力学）によるスイング分析によって、「飛ばすための打ち方」が科学的に解明されてきたことが大きい。「地面反力」はその中心となる概念のひとつだ
強い「地面反力」を発生させるにはまず「加重」が必要
切り返しで左足を地面に向かって踏み込む

「地面反力」が生む力には3つの方向がある

バーチカルフォース
＝「地面反力」を体の縦回転に変換

切り返しで左足に加重

地面反力によって体が縦に回転する

地面から垂直に跳ね返る「地面反力」をうまく利用すれば、スイングは加速する。力の使い方によって、「バーチカルフォース」（縦回転）、「ホリゾンタルフォース」（横回転）、「リニアフォース」（水平移動）の３つに分類できる

ホリゾンタルフォース
＝「地面反力」を体の横回転に変換

切り返しでの
加重は共通

地面反力が
腰の回転をうながす

「バーチカルフォース」を使うならリリースは早めがいい

「バーチカルフォース」タイプのスイングでは、体が縦回転するため、クラブも「振り子」のように縦に近い軌道で動く。必然的に、リリースのタイミングは早くなり、タメを作ろうとすると、むしろ速く振れなくなってしまう

軌道がアップライトなため
早めのリリースと相性がいい

「ホリゾンタルフォース」を使うにはリリースを遅らせる

「ホリゾンタルフォース」タイプのスイングでは、体が回転することでフェースが閉じるため、なるべくリリース遅らせて、閉じたフェースを開くようにして下ろさないと、振れば振るほど引っかける危険がある

体の回転でフェースが返るので
リリースは遅らせるほうがいい

最適な「地面反力」の方向は右手のグリップによって決まる

「地面反力」によって得られる3つの力の方向のうち、どれを選ぶべきかは、リリースのタイミングに左右される。そして、リリースのタイミングを決める最重要ファクターが、「右手のグリップをどう握るか」ということだ

右手が「ストロング」→
「ホリゾンタルフォース」と
相性がいい

右手が「ウイーク」→
「バーチカルフォース」と
相性がいい

右手のグリップを「ウイーク」に握るほど、フェースローテーションがしやすくなり、リリースのタイミングは早くなる。逆に、「ストロング」に握るほど、フェースローテーションがしづらく、リリースは遅くなる傾向がある

「地面反力」を使うには「加重」と同じくらい「抜重」が大事

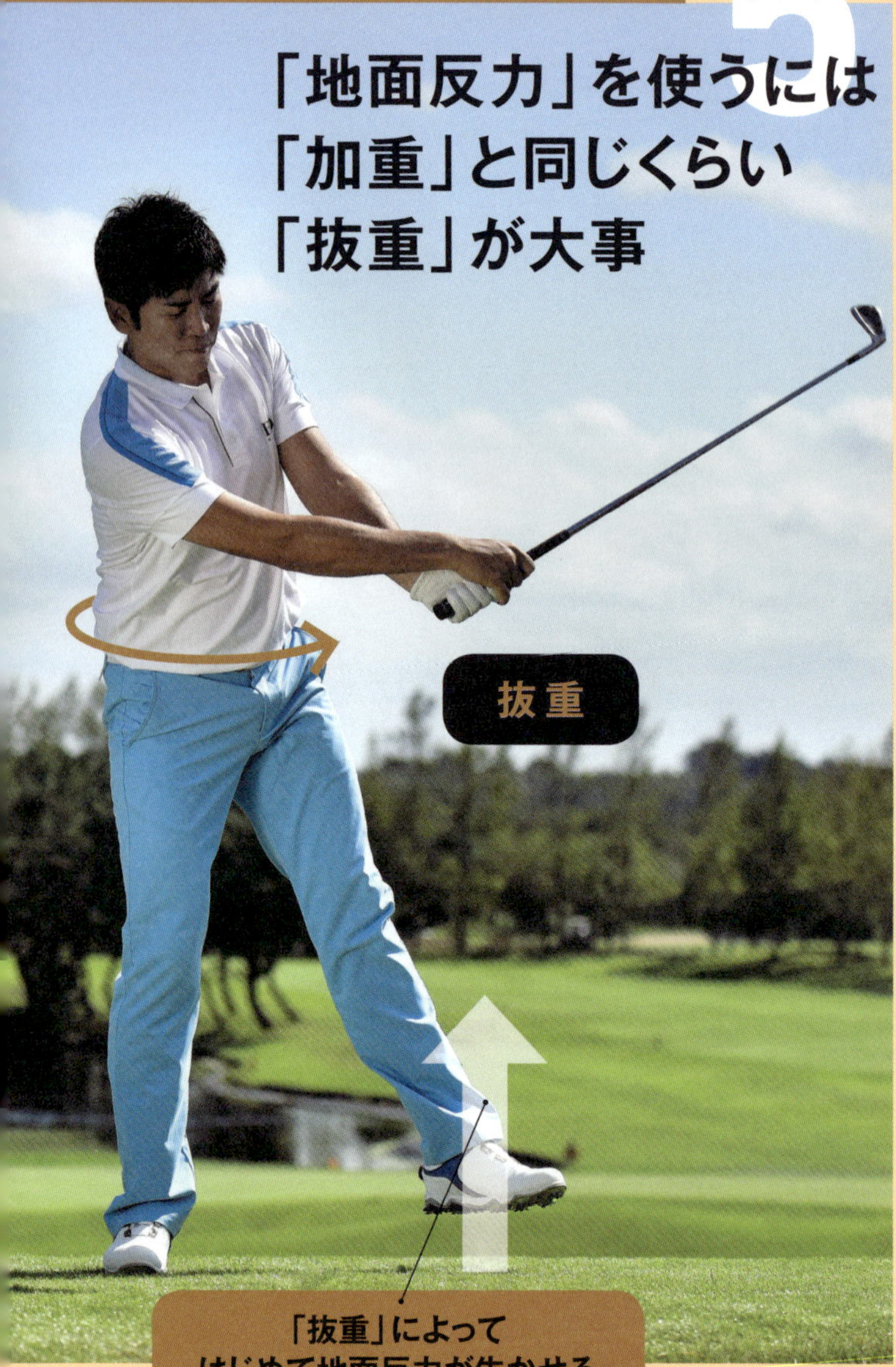
抜重
「抜重」によって
はじめて地面反力が生かせる

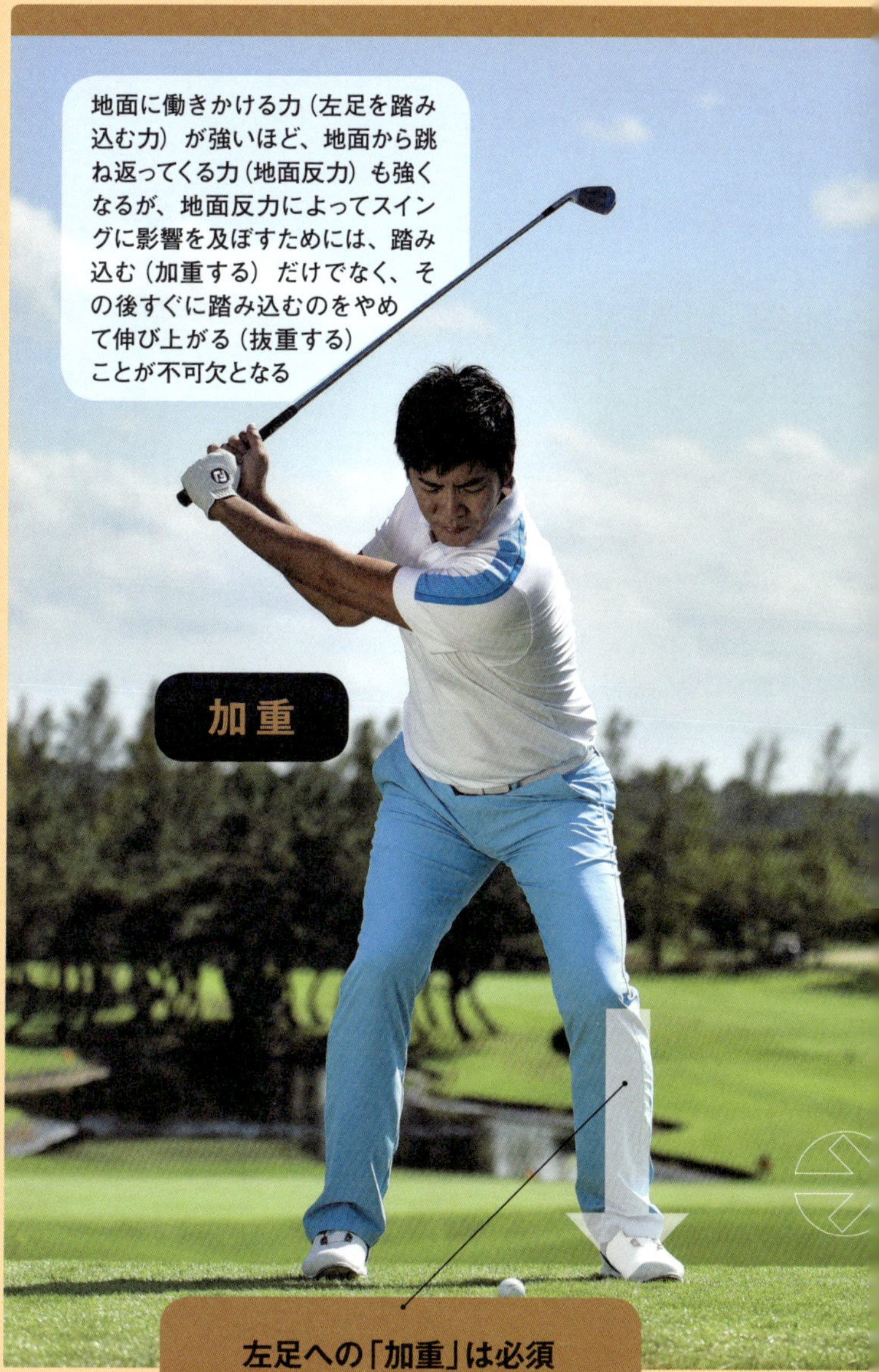
地面に働きかける力（左足を踏み込む力）が強いほど、地面から跳ね返ってくる力（地面反力）も強くなるが、地面反力によってスイングに影響を及ぼすためには、踏み込む（加重する）だけでなく、その後すぐに踏み込むのをやめて伸び上がる（抜重する）ことが不可欠となる
加重

左足への「加重」は必須

ポイント 6

3方向の力をミックスすることで飛距離は劇的にアップする

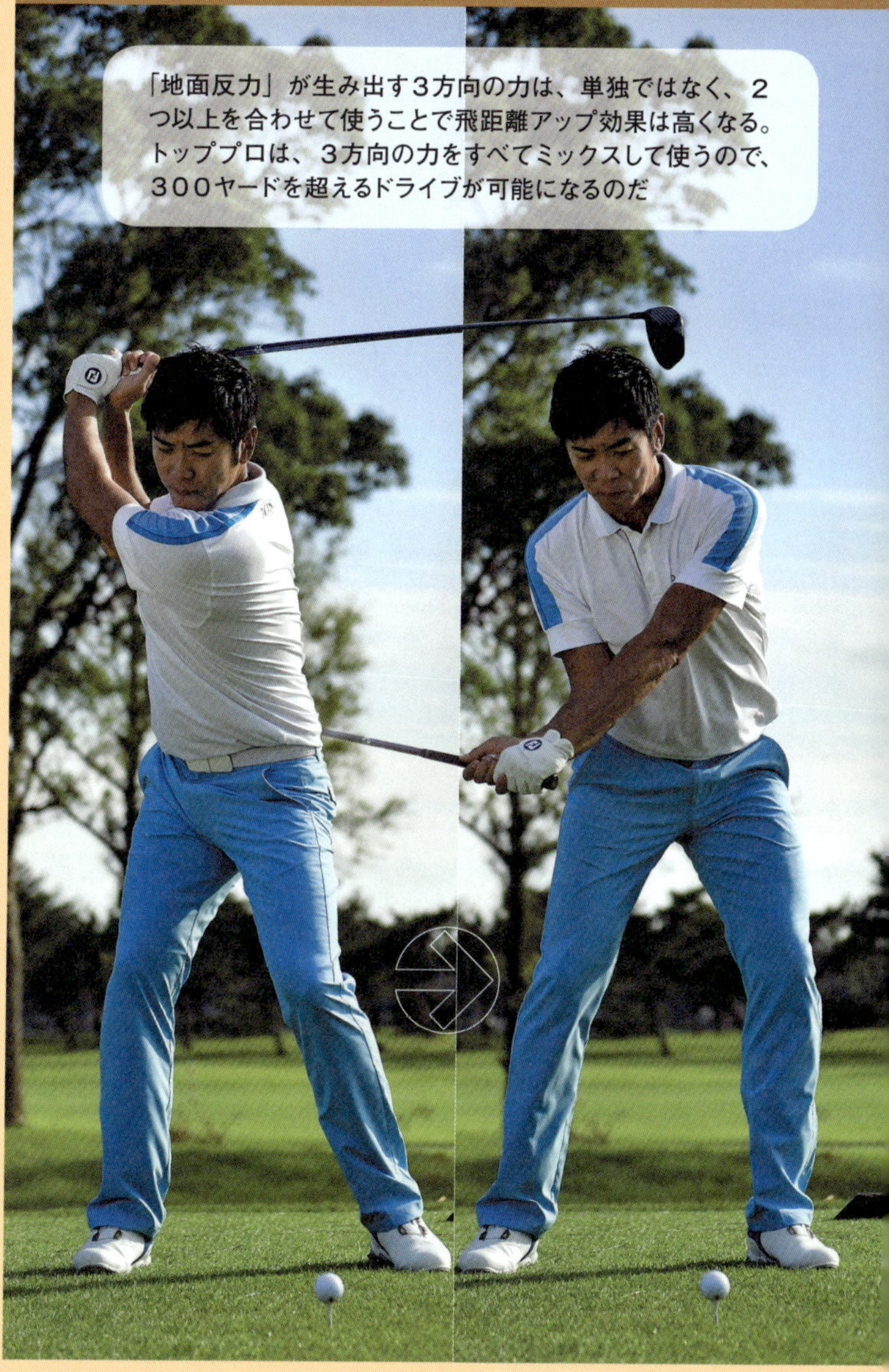

「地面反力」が生み出す3方向の力は、単独ではなく、2つ以上を合わせて使うことで飛距離アップ効果は高くなる。トッププロは、3方向の力をすべてミックスして使うので、300ヤードを超えるドライブが可能になるのだ

7

誰もが「地面反力」を使って飛距離を伸ばすことができる

「地面反力」を使えば、誰でも飛距離を伸ばすことができる。その「事実」には、プロもアマチュアも関係なく、性別や筋力、年齢なども関係がない。自分が持つ潜在飛距離能力を最大限に引き出すというのが、「地面反力」なのだ

年齢、筋力に
関係なく飛距離が
確実に伸びる！

世界標準の
合理的で新しい
飛距離アップ術

ドライバーの飛ばし方がわかる本

ゴルフスイング・コンサルタント
吉田洋一郎 著
Hiroichiro YOSHIDA

はじめに

飛距離の出るスイングは、曲がらないスイングでもある

ドライバーの飛距離というのは、ゴルフの最大の魅力のひとつであることは、言うまでもありません。ゴルファーにとって、打ち放たれたボールが青空に吸い込まれていくのを見つめながら、手の残る感触の余韻に浸るときほど、幸福感に満ち溢れた瞬間はないでしょう。

しかし、その一方で、多くのアマチュアゴルファーが、飛距離をとるか、方向性をとるか、という究極の2択に、常に悩まされているということも事実です。ボールを遠くに飛ばしたいが、強く打つと曲がってしまう。そのため、曲がってもいいから、飛距離の爽快感をとるか、多少、飛距離を犠牲にしてでも、ボールをフェアウェイに運んでスコアメイクに徹するか、その選択に頭を悩ませているということです。

ですが、多くのゴルファーが信じている、「飛距離を出すスイングは曲がる」とい

うのは、実は単なる思い込みです。

２０１４年に、アメリカの大学教授が、米ＰＧＡツアーにおける、約10年間のすべてのショットデータ（パットを含む）を分析して、それぞれのショットの本当の「価値」を統計学の手法で割り出し、１冊の本にまとめました。その中には、「よく飛ぶゴルファーほど真っすぐ打てる」ということが、客観的な「事実」として書かれているのです。この本には、これ以外にも、これまでゴルファーが信じてきた「常識」とは異なる事実がたくさん書かれていて、ゴルフ界に衝撃が走りました。

「よく飛ぶゴルファーほど真っすぐ打てる」とは、どういうことかというと、飛距離が出るということは、つまり、スイングが合理的で無駄がないということで、合理的なスイングをする限りは、どれだけ速く振っても、方向性にはあまり影響がないということです。逆に、飛距離の出ない人というのは、スイングに何かメカニカル（技術的）な問題を抱えているために、飛ばないだけでなく、曲がりやすく、その曲がりやすいスイングで強く打とうとすれば、より大きく曲がってしまうのは避けられないということになります。

合理的なスイングをすれば、飛んで、しかも曲がらないということになれば、「合理的なスイング」とは、一体何かという研究が進むのが道理というものです。
そこで重要視されるようになってきたのが、「バイオメカニクス（生体力学）」の観点から、スイングの動きを見直すという手法です。また、「トラックマン」をはじめとする弾道計測器や、「フォースプレート」や「ボディトラック」など、スイング中の足圧や重心の位置を計測する機器、「ギアーズ」など、スイング中の体の各部の動きを詳細に計測する機器などの進化、普及が、それまでプロの「感覚」でしか語られてこなかったスイングの真実を「可視化」し、バイオメカニクス的なスイング研究を強力に後押ししました。その結果、ここ数年で、プロツアーでのドライバー平均飛距離は伸び続け、全プレーヤーに対する「300ヤードヒッター」の割合も急激に増えています。

本書では、最新のバイオメカニクス的スイング研究によって導き出された、飛距離を出すために必要なスイングのエッセンスと、その中核となる「地面反力」の使い方を、できるだけ簡略化した形で紹介しています。「地面反力」は、ここ数年、ゴルフ雑誌などのメディアでも頻繁に取り上げられるようになり、すでに試したことがあるゴルファーも増えていますが、残念ながらそのすべてが飛距離アップに成功しているわけではないというのが現状です。

「地面反力」は、スイングタイプによって、使い方のコツが少しずつ異なります。そこで本書では、これまでのレッスン書ではほとんど触れられることがなかった、「地面反力」が生み出す、「3つの力の方向」について解説しつつ、スイングタイプ別に、どの力の方向を選べばいいか、どうすればもっと「地面反力」を生かしてスイングできるかについても説明しています。これまで、「試したけどうまくいかなかった」という人も、本書を読めば、うまくいかなかった「理由」と、正しい「やり方」がわかるはずです。

コツさえわかれば、「地面反力」は、誰もが簡単に使うことができて、試した瞬間から飛距離が伸びる（ヘッド速度が上がる）可能性を持つ力です。こんなに素晴らしい力を、ツアープロに独占させておくのはもったいない。私は、飛距離を伸ばしたいと考える、すべてのアマチュアゴルファーの皆さんにこそ、ぜひトライしてほしいと考えています。飛距離アップの先にある、ゴルフの本当のおもしろさをのぞいてみたいとは思いませんか？

ゴルフスイング・コンサルタント　吉田洋一郎

ドライバーの飛ばし方がわかる本

世界標準の合理的で新しい飛距離アップ術

目次

序章

E N T S

はじめに

CONT

025

PART 1 「地面反力」がもたらしたもの 031

CONTENTS

PART 3

「地面反力」at a glance（地面反力の基礎）

PART 4

「地面反力」in depth（地面反力をもっと深く）

CONTENTS

PART

5 「地面反力」完全習得ドリル

編集協力 菅原大成
写真 有原裕晶、田辺安啓（選手）
装丁・本文デザイン 鈴木事務所
DTP 加藤一来
取材協力 取手桜が丘ゴルフクラブ、ヒューゴ ボス ジャパン株式会社、株式会社フォーティーン、アクシネット ジャパン インク

CONTENTS

PART 1

「地面反力」がもたらしたもの

2017年からの1年間で世界のプロツアーでは平均「1・7ヤード」の飛距離アップ

ゴルフのルールの総本山であるR&Aと、全米プロゴルフ協会（USGA）は、2003年から共同で、全世界のメジャーなプロツアーと一般アマチュアの飛距離を調査し、毎年、共同レポートを公開しています。その2018年版によれば、2017年からの1年間で、世界7大ツアー（米PGAツアー、欧州ツアー、米LPGAツアー、日本ゴルフツアー、PGAチャンピオンズツアー、欧州女子ツアー、ウェブドットコムツアー）におけるドライバーの飛距離は、平均「1・7ヤード」アップしています。1980年代から2000年代にかけて、ドライバーの飛距離アップは、ヘッド素材の変化や設計・製法の進化と密接な関係がありました。しかし、2008年に、いわゆる高反発規制が施行され、同時に、ヘッド体積の上限も「460cc±10cc」と定められたことにより、それまでのようなクラブ由来の急激な飛距離アップはあまり期待できなくなりました。ところが、それ以降も、プロツアーではほぼ毎年のように平均飛距離がアップし続けているのです。これは、一体、どういうことなのでしょうか。

度重なるルール改正にも
飛距離アップの流れは止められていない

主要ツアーでの平均飛距離推移と主なルール変更

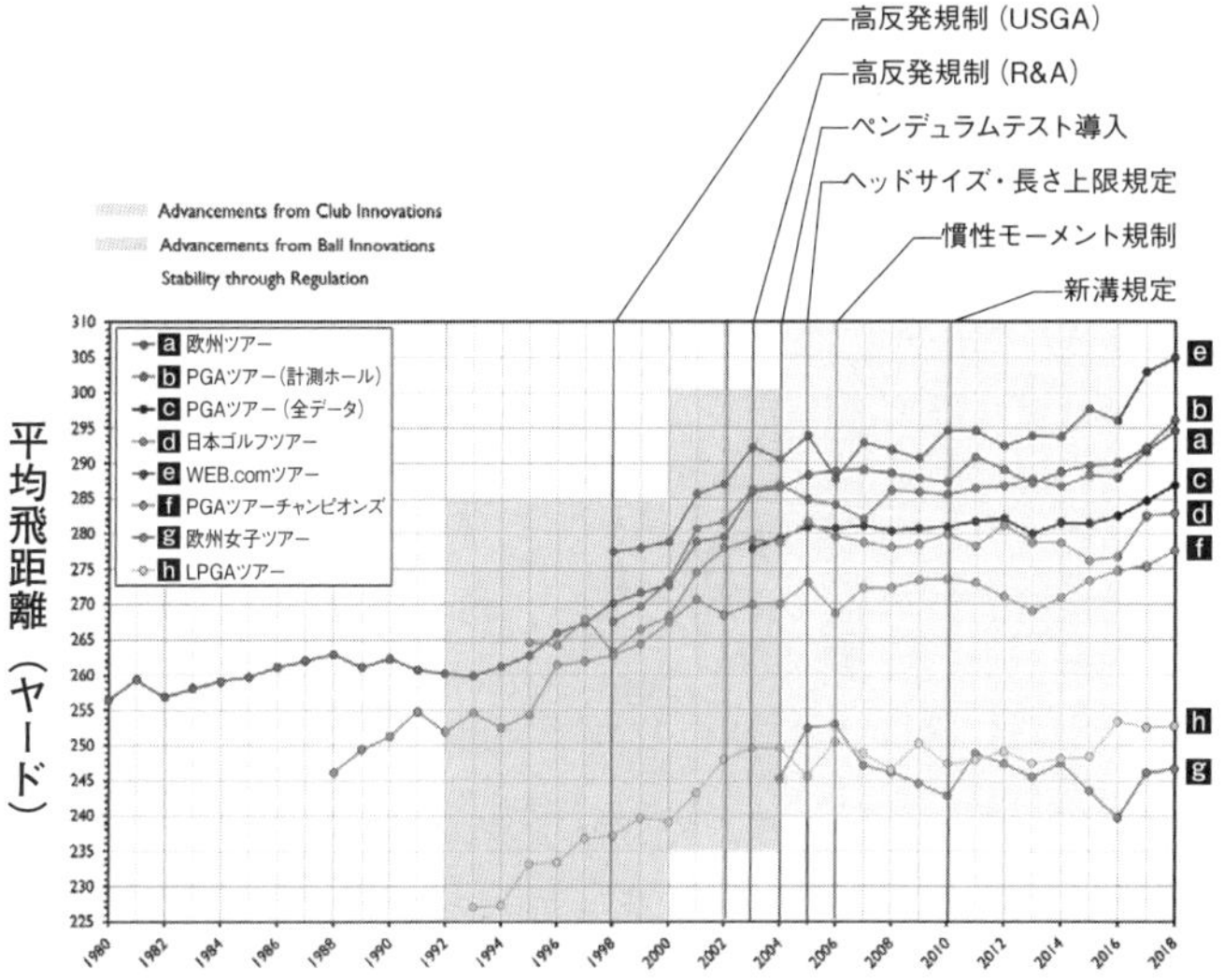

※出展：2018 Distance Report by R&A, USGA

R&AとUSGAによる飛距離に関する共同レポートによると、調査が開始された2003年から、ほぼどのツアーでも平均飛距離は右肩上がりに伸びていることがわかる。高反発規制など、飛距離を抑制する試みがあってもなお飛距離が伸びているのは、クラブ以外（例えば、技術）に何らかの要因があることが推測できる

米PGAツアーと欧州ツアーでは平均「3ヤード」以上も飛距離が伸びている

2017年からの1年間で、とくに飛距離の伸びが大きかったのは、米PGAツアーと欧州ツアーで、米PGAツアーは平均292・5ヤードから296・1ヤードと平均3・6ヤードのアップ、欧州ツアーは平均291・7ヤードから294・7ヤードと平均3ヤードのアップとなっています（特定のドライビングディスタンス計測ホールにおける集計。米PGAツアーでは全ホールでの計測を行っており、全ホールのデータでは平均1・8ヤードのアップ）。もちろん、ルールで様々な規制がある中でも、各クラブメーカーは様々な工夫を凝らして、1ヤードでも遠くに飛ぶドライバーを開発しようとしています。しかし、1年間で平均3ヤード以上というような急激な飛距離アップを、クラブやボールの進化だけで説明するのは、無理があると言えるでしょう。また、近年では、プレーヤーが積極的にトレーニングを行って、他スポーツのトップアスリート並みにフィジカル面を向上させることも珍しくなくなりましたが、すべてのプレーヤーがそうだというわけではなく、これも飛距離アップの説明としては、十分とは言えないでしょう。

世界のトッププレーヤーが活躍するツアーほど飛距離の伸びが大きい傾向がある

2018年の平均飛距離と2017年、2003年のデータ比較

単位：ヤード

	2003	2017	2018
欧州ツアー	286.3±0.15	291.7±0.14	294.7±0.15
PGAツアー（計測ホール）	285.9±0.12	292.5±0.13	296.1±0.13
PGAツアー（全データ）	277.9±0.06	285.1±0.06	286.9±0.06
日本ゴルフツアー	279.0	282.6	282.9
WEB.comツアー	292.3	302.9±0.21	304.9±0.20
PGAツアーチャンピオンズ	269.9	275.4±0.24	277.6±0.24
欧州女子ツアー	245.3	246.1	246.7
LPGAツアー	249.6	252.6	252.7

	2017年からの飛距離変化	2003年からの飛距離変化	2003年からの1年ごとの飛距離変化
欧州ツアー	+3.0	+8.4	+0.53
PGAツアー（計測ホール）	+3.6	+10.2	+0.64
PGAツアー（全データ）	+1.8	+9.0	+0.56
日本ゴルフツアー	+0.3	+3.9	+0.24
WEB.comツアー	+2.0	+12.6	+0.79
PGAツアーチャンピオンズ	+2.2	+7.7	+0.48
欧州女子ツアー	+0.6	+1.4	+0.09
LPGAツアー	+0.1	+3.1	+0.19

※出展：2018 Distance Report by R&A, USGA

世界ランク上位の選手が主戦場とする米PGAツアーと欧州ツアーでは、とくに飛距離の伸びが大きい傾向がある。これは、ドライバー飛距離が成績（獲得できる賞金額）と密接に結びついているため、ツアーに在籍するプレーヤーたちがこぞって飛距離アップに取り組んでいる結果と考えることができる

プロツアーでは5人に2人までもが300ヤードヒッターになっている

もうひとつ、プロツアーで近年「飛距離が伸びている」という〝事実〟を裏付けるデータがあります。それは、平均300ヤード以上飛ばすことができる「300ヤードヒッター」の割合です。米PGAツアーで平均飛距離が300ヤード以上のプレーヤーの割合は、2003年に26・56％だったのが、2017年は36・58％、2018年には41・41％にまで増えています。また、平均320ヤード以上飛ばすことのできる「超飛ばし屋」の割合も、2017年の11・87％から、14・27％に増加しています。同様の傾向は、欧州ツアーにも見られます（300ヤードヒッターの割合は、2003年が26・14％、2017年が34・36％、2018年は38・35％。320ヤードヒッターは、2017年が11・89％、2018年は14・65％）。平均300ヤード以上という、とてつもない飛距離を持つプレーヤーが、なぜ、これほど急激に増加しているのか。考えられる理由は、ただひとつ、ツアープロの間で何らかの「技術的ブレイクスルー（革新）」が起きているということです。その核心こそ、「地面反力」なのです。

プロにとって「300ヤード」は もはや“普通の飛距離”になりつつある

欧州ツアーにおけるプレーヤー飛距離分布

	240Y以下	240-260Y	260-280Y	280-300Y	300-320Y	320Y以上
2003	1.38%	9.06%	29.64%	33.44%	17.07%	9.07%
2004	1.62%	8.67%	28.26%	34.13%	17.59%	9.08%
2005	1.99%	9.46%	30.35%	33.41%	16.44%	7.81%
2006	2.39%	11.47%	31.26%	31.72%	14.56%	8.16%
2007	2.30%	11.44%	33.68%	33.02%	13.66%	5.45%
2008	1.43%	9.37%	31.93%	34.94%	15.88%	5.96%
2009	2.15%	8.50%	29.81%	35.08%	15.53%	8.48%
2010	1.56%	9.00%	30.67%	34.60%	16.48%	7.36%
2011	1.18%	8.80%	30.29%	34.24%	16.62%	8.43%
2012	1.46%	9.40%	28.51%	34.12%	17.93%	7.91%
2013	1.64%	9.69%	27.50%	34.01%	18.54%	8.17%
2014	1.99%	10.26%	27.67%	33.67%	17.57%	8.28%
2015	1.94%	7.87%	26.91%	34.86%	18.80%	9.62%
2016	2.13%	7.77%	26.02%	36.15%	20.00%	7.95%
2017	1.29%	5.76%	22.88%	35.72%	22.47%	11.89%
2018	1.79%	6.15%	20.46%	33.26%	23.70%	14.65%

PGAツアーにおけるプレーヤー飛距離分布

	240Y以下	240-260Y	260-280Y	280-300Y	300-320Y	320Y以上
2003	2.24%	9.76%	27.53%	32.52%	18.79%	7.77%
2004	2.48%	9.44%	28.07%	33.70%	18.91%	7.36%
2005	1.82%	9.06%	26.98%	33.92%	19.73%	8.47%
2006	1.52%	7.53%	26.63%	35.20%	20.50%	8.61%
2007	1.93%	8.75%	26.08%	33.07%	20.39%	9.78%
2008	2.23%	9.07%	27.24%	33.40%	19.81%	8.26%
2009	1.95%	9.21%	24.90%	33.77%	21.17%	8.99%
2010	1.81%	8.86%	27.49%	35.01%	19.55%	7.27%
2011	1.59%	6.18%	23.44%	36.23%	23.29%	9.28%
2012	1.41%	6.89%	24.86%	36.12%	21.83%	8.89%
2013	1.93%	7.24%	26.04%	37.08%	20.64%	7.08%
2014	1.64%	6.60%	24.31%	37.25%	22.65%	7.54%
2015	1.60%	6.83%	24.41%	37.41%	21.31%	7.63%
2016	1.27%	5.71%	24.49%	37.39%	22.43%	8.71%
2017	1.41%	5.81%	21.23%	34.98%	24.71%	11.87%
2018	0.98%	4.25%	18.25%	35.11%	27.14%	14.27%

※出展：2018 Distance Report by R&A, USGA

米ＰＧＡツアー、欧州ツアーとも、２０１８年の時点で平均飛距離が３００ヤードを超えるプレーヤーの割合は４割前後となっており、このまま飛距離が伸び続ければ、近い将来、ツアープロの２人に１人が「３００ヤードヒッター」という時代に突入するのは確実。これは、飛距離を伸ばす「技術」が確立され、ツアーに浸透してきたからだ

米PGAツアーを中心に飛ばし屋が増えた理由

米PGAツアーや、欧州ツアー、それにウェブドットコムツアーで、飛ばし屋が増えた理由、それは、旧来の経験論や感覚論とは違う、科学的研究に裏打ちされた新しい「飛ばし方」が確立されてきたからにほかなりません。欧米では、10数年前から大学をはじめとする研究機関において、「バイオメカニクス（生体力学）」に基づいた様々なスポーツにおける動作解析が盛んに行われるようになり、そうした研究によって、より安全に、より効率的にスピードやパワーを発生させる、具体的な「やり方」が次々に「発見」「開発」されてきています。もちろん、ゴルフも例外ではありません。私が、バイオメカニクス的アプローチによるスイング理論に初めて触れたのは、2010年代の初めのことで、当時は、「地面反力（グラウンド・リアクション・フォース）」という言葉も、今ほどはゴルファーに浸透していませんでした。しかし、その後すぐに、バイオメカニクス的スイングは欧米のプロツアーに急速に広まり、タイガー・ウッズの復活や、ブルックス・ケプカのようなニュースターの誕生を強力に後押しすることになるのです。

バイオメカニクスが生み出す タイガー・ウッズを超えるスターたち

2019年の平均飛距離が309ヤード（10位）で、世界ランク1位のブルックス・ケプカ。ゴルフに筋力トレーニングの必要性を浸透させたのはタイガー・ウッズだが、現在活躍する20代のプロたちは、トレーニングに加えて、バイオメカニクス的アプローチによる新しい飛ばしの技術を習得することが当たり前となっている

ツアープロコーチの存在が「地面反力」を急速に浸透させた

「地面反力」を利用したバイオメカニクス的スイング論が、これほど急速に欧米ツアーに浸透したのは、プロを指導するコーチ、いわゆる「プロコーチ」が当たり前の存在として受け入れられていることと、無関係ではないでしょう。今でこそ、日本ツアーにもプロコーチはたくさんいますが、それでも、「プロなんだから、スイングのことは自分がいちばんよくわかっている」というような、「プレーヤー第一主義」的な空気はまだ残っていて、欧米の指導環境とは少し違っているというのが現状です。当然、欧米ツアーのプレーヤーも、「スイングの専門家」であるというプライドは持っているわけですから、反論の余地があるような、ふわふわした理論では、到底受け入れてもらうことはできません。その点、バイオメカニクス的アプローチは、科学的分析に基づいているため、極めて論理的であいまいなところが少なく、効果についても検証可能であることから、多くのプロに受け入れられています。また、コーチたちも新しい知識を採り入れ、常に理論を最新の状態に保つ努力を惜しまないので、教わりたがるプロが後を絶たないのです。

最新技術を学んだ「プロコーチ」がツアーにバイオメカニクスを拡散する

欧米のツアーでは、「プロコーチ」の存在が一般的だが、プロ自身が納得できなければ指導を仰ぐことはないし、結果が出なければすぐに解雇される。そのため、プロコーチたちは常に最新の知識を身につけ、経験則ではない科学的に検証可能な理論で選手たちを指導している(写真はヘンリク・ステンソンとコーチのピート・コーエン)

「スイングプレーン」に代わるキーワードが「地面反力」

ベン・ホーガンが、著書『モダンゴルフ』の中で、今日で言うところの「スイングプレーン」の概念を紹介してから、クラブヘッドをいかにして単一平面上で動かすかということが、多くのゴルフコーチの課題であった側面があります。しかし、スイングの動きは、そもそもたったひとつの平面で説明できるほど単純なものではなく、また、近年になってスイング中のクラブと体の動きを立体的に解析できる計測機器が普及したことにより、スイングプレーンの概念だけでは実現できない、これまでとは違う体（あるいはクラブ）の動かし方を多くのコーチが教え始めています。それが、バイオメカニクス的アプローチであり、その中心にあるのが、「地面反力」の利用によって飛距離を伸ばすという考え方です。

つまり、これまでは「スイングプレーン」が多くのコーチにとっての最優先事項でしたが、現代はそれが「地面反力」に置き換わり、どうしたら「地面反力」をもっと効率よく使えるかを、みんなが考えているということです。このように今、ゴルフ界の中心にあるいちばんホットなキーワードが、「地面反力」だと言えるでしょう。

インパクトでかかとが浮き上がるのは今ではごく「普通」の動き

ジャスティン・トーマスのように、インパクトで両ひざを伸ばし、かかとを浮き上がらせて打つのは、かつては「好ましくないスイング」のひとつと考えられていたが、現代では、地面反力を使って飛ばすために、むしろ「必須」の動きとされている。地面反力をいかに使うかということが、現代スイングにおける最優先事項なのだ

続々とバイオメカニクスを採り入れ始めたプロコーチたち

現在、欧米ツアーで活躍しているプロコーチたちは、ほぼ例外なくバイオメカニクスを学んでいて、それを自分のコーチングに採り入れています。タイガー・ウッズを復活させたコーチとして有名なクリス・コモは、その代表格と言えるでしょう。すでに有名コーチとしての地位を不動のものにしているベテランコーチ、例えば、デビッド・レッドベターも、過去の実績にあぐらをかくことなく、積極的に新しい考え方を学んで自分のレッスンメソッドをアップデートしています。2015年に彼が著した『Aスウィング』では、新たなスイングメソッド考案にあたり、アメリカにおける運動生理学の権威のひとりでもあるJ・J・リベット氏の研究をもとに、共同で作業した事実が綴られています。バイオメカニクス的アプローチ「地面反力」を利用したスイングというのは、もっと飛距離を「伸ばしたい」というゴルファーと、もっと飛距離を「伸ばしてあげたい」というコーチの双方の情熱をつなぐものと言えるかもしれません。それが結実して、平均320ヤードを超えるモンスター級の飛ばし屋が、続々生まれているのです。

様々な計測機器の開発が理論の進化を後押ししている

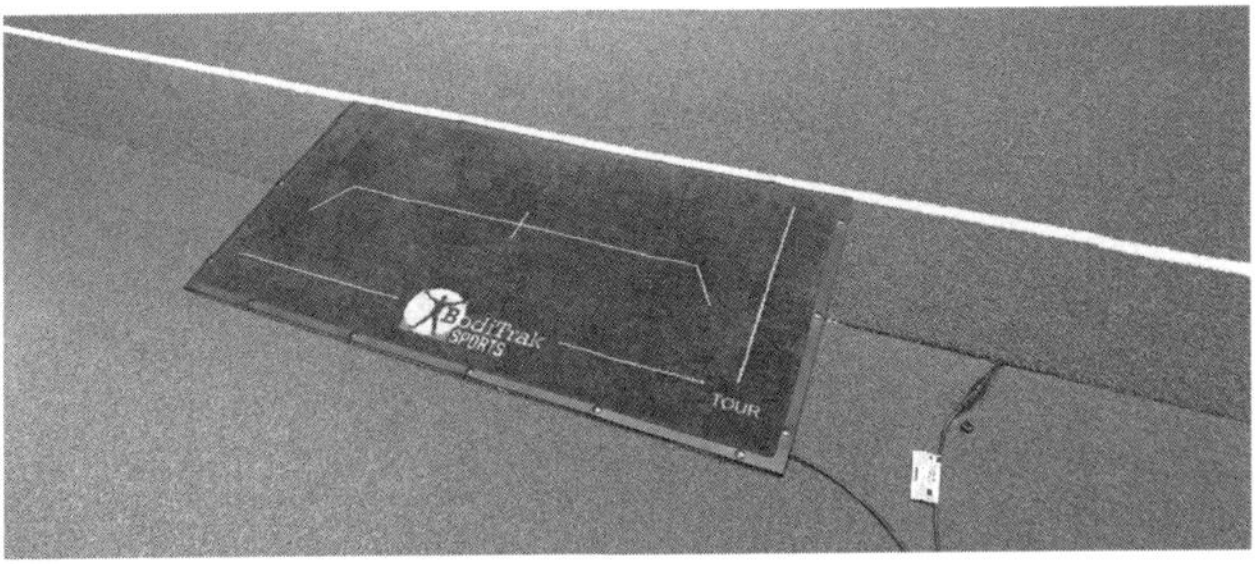

スイング中の踏圧（足裏にかかる力）を計測できる「ボディトラック」のセンサー。現在では、多くのプロコーチが導入して、データの収集やスイングの指導に役立てている。こうした、従来にはなかった計測機器が開発されることで、感覚論ではなく物理的にスイング中に何が起こっているのかがわかるようになり、より効率的なスイングのやり方が「発見」されるようになってきた

著者も師事している、テキサス女子大学のヤン・フー・クォン教授のセミナー。アメリカでは最新のバイオメカニクス研究に関するセミナーが頻繁に開催され、プロコーチたちも積極的に参加して、常に知識をアップデートしている

世界のプロコーチの現状1
ジョージ・ガンクス

日本では、バイオメカニクス的アプローチによるスイング指導が、ようやく「珍しくない」ものになってきた段階ですが、世界では、今やバイオメカニクス的アプローチこそ主流で、プロコーチがバイオメカニクスの知識を持ち、それに関連する最先端機材を用いてレッスンをするのは、極めて普通のことになっています。そうした、今、世界で活躍するコーチたちの例を、少しご紹介します。

まず、今、もっともホットなコーチのひとりと言ってもいいのが、ジョージ・ガンクスです。教わると必ずヘッドスピードが上がる（飛距離が伸びる）と評判で、レッスンフィは1時間350ドルと高額にもかかわらず、スケジュールが何カ月も先まで埋まっているといい、アダム・スコットなど、一流のツアープロにも指導しています。彼のレッスンで特徴的なのは、トップから「ガニ股」に両足を開きつつ、一気に沈み込む動作です。これは両足のトルクで体を回転させる（例えば、右足のつま先側と左足のかかと側に体重をかけると勝手に腰が回る）動作と、のちに「地面反力」を得るための沈み込み動作を同時に行うもので、彼がバイオメカニクスの確かな知識を持っていることがわかります。彼の愛弟子のひとり、若手プロのマシュー・ウルフは、その圧倒的なスイングスピードの速さが米PGAツアーで注目されていますが、これはガンクスの指導の有効性を証明するものだと言えるでしょう。

マシュー・ウルフなど次世代スター候補を多く指導する注目のコーチ

2019年、PGAツアーにデビューしてすぐに「3Mオープン」で初優勝した注目の新人、マシュー・ウルフと、学生時代からウルフのコーチを務めるジョージ・ガンクス。ガンクスは、「必ず飛距離が伸びる」と評判のコーチで、一般アマチュアからトッププロまでが彼のもとを訪ね、レッスン予定は数カ月先まで埋まっているという

ガンクスのレッスンでもっとも特徴的な、ガニ股に沈み込む動き。両足のトルクで腰を回転させつつ、地面に対して強く圧力をかけている。短パンにサンダル履きが、ガンクスの指導スタイル

世界のプロコーチの現状2
デビッド・レッドベター

デビッド・レッドベターは、著書『アスレチックスウィング』によって「ボディターン」スイングを世に広めた、日本でもっとも有名なティーチングプロのひとりです。2012年に、私が米・フロリダ州のチャンピオンズゲートにある、彼のアカデミーの本拠地（The Leadbetter Golf Academy World Headquarters）を訪ねたとき、当時、ほとんど普及していなかった「フォースプレート」や「ボディトラック」といった、スイング中の足圧（踏圧）をモニターする機器が、すでに導入されていて驚いたことを覚えています。

当時の私は、「こんなところまで考えてスイングを研究しているのか」と、ただただ感心しながら彼の話を聞いていましたが、地面に対してどうプレッシャーをかけると、いちばん効率よくスイングできるのかということを、いち早く研究していたその先見の明はさすがといったところです。そうした研究をもとに、彼は「Aスウィング」という新しいメソッドを生み出し、それを採り入れたリディア・コがメジャーで優勝したことは、記憶に新しいのではないでしょうか。

「ボディターン」でゴルフ界を席巻した世界でもっとも有名なゴルフコーチ

米・フロリダ州にあるレッドベターゴルフアカデミーを訪れ、レッスン体験を受ける著者。レッスンは「ボディトラック」などの計測機器を使って行われる。レッドベターは、ゴルフ界でまだ「バイオメカニクス」や「地面反力」といったワードが一般的でなかったころから、こうした計測機器を導入し、スイング研究に余念がなかった

レッドベターと著者。両者は長く親交があり、レッドベターの来日イベントに関するプロデュースを著者が行ったこともある

世界のプロコーチの現状 3
ピート・コーエン

ピート・コーエンは、ヘンリク・ステンソンやリー・ウェストウッドなど、一流プレーヤーを何人も指導する世界でも有数のティーチングプロです。また、ショートゲームのコーチとしては、世界ランキング1位のブルックス・ケプカを指導していることでも有名です。彼が指導するプレーヤーたちのプレーを見ると、共通して、主に下半身の動きに意識を向けてスイングしていることがわかります。とくに、ダウンスイングでしっかりと左下方向に加重して、地面からの反力を確実に使っているのは、コーエンが確かなバイオメカニクスの知識に基づいて指導していることの証でしょう。

さらに、私は彼自身がスイングしているところを何度も見たことがありますが、彼自身のスイングもまた、非常に理にかなっていて、飛距離も出ます。デモンストレーション能力の高さというのは、一流のティーチングプロに必要な条件のひとつですが、コーエンはまさに自分自身のスイングでメソッドの正しさを証明していて、だからこそ、次から次へと一流プレーヤーが指導を仰ぎに彼のもとを訪れるのでしょう。

たくさんのトッププロが
指導を仰ぎに訪れる人気コーチ

ヘンリク・ステンソンをはじめ、多くのトッププロを指導する人気コーチ、ピート・コーエン。地面反力をスイングのスピードに変換するために不可欠な動作である、ダウンスイングで左下方向に加重することの大切さを、一貫して説いている。これは、彼自身、確かなバイオメカニクスの知識を持ち合わせていることの証明にほかならない

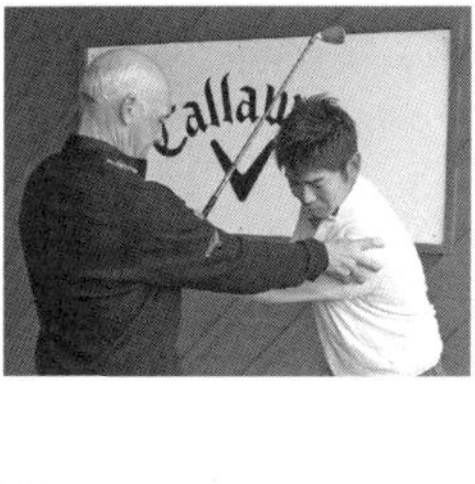

コーエンに直接指導を受ける著者。コーエンは指導能力だけでなく、デモンストレーション能力も高く、トッププロ顔負けの高効率スイングをすることでも知られる

世界のプロコーチの現状 4
ジム・マクリーン

ジム・マクリーンと言えば、レッドベターと並ぶティーチングプロの草分け的存在で、過去にはグランドスラマーのひとりであるゲーリー・プレーヤーや、全米オープンを連覇したカーチス・ストレンジのコーチだったことで知られています。また、近年もキーガン・ブラッドリーやゲーリー・ウッドランド、レクシー・トンプソンなどを指導してメジャー優勝に導くなど、指導水準の高さを維持しているところは驚嘆に値します。

そもそもマクリーンは、若い頃から新しい技術や新しい知識を採り入れることに対して非常にオープンな態度であることで知られ、今では当たり前となっている、ビデオカメラによる動画撮影や、レーダー照射による弾道計測器「トラックマン」を最初にレッスンに導入したひとりとして有名です。60代後半という年齢にもかかわらず、「ボディトラック」などの足圧計測機器が登場すると、若い技術者や後輩ティーチングプロにも機器の詳細や活用法などを積極的に聞きに行って自分のアカデミーに導入するなど、常に知識をアップデートしようとする姿勢には、頭が下がります。

メジャーチャンプを生み出し続けるカリスマ的ツアーコーチ

60代後半という年齢ながら、これまでのプロコーチとしての実績にあぐらをかくことなく、常に最新の知識やメソッドを受け入れる姿勢を変えないジム・マクリーン。そのことが、80年代から現在まで、それぞれの時代でメジャーチャンピオンを輩出する結果につながっている

レッスンにビデオカメラを採り入れた草分けとして知られるマクリーン。現在のアカデミーにも、「ボディトラック」をはじめ、最新機器が備わっている

マクリーンから直接指導を受ける著者

世界のプロコーチの現状 5
クリス・コモ

タイガー・ウッズが、左ひざや腰の度重なるケガによって長期間ツアーを離れた後、2018年のシーズン最終戦「ツアー選手権」で復活優勝を遂げ、翌19年のマスターズで16回目のメジャー優勝を達成できたのは、コーチのクリス・コモのおかげと言っても言い過ぎではないでしょう。ツアーから離脱するころのタイガーは、テークバックでもやや左足に重心を置き、強い捻転を使って打っていたため体への負担も大きかったのですが、コモは右への自然な体重移動を使い、体への負担を減らし、なおかつタイガーに特有の左に踏み込んだ後に強く伸び上がる、ダイナミックなアクションがより生かせるスイングに改良しました。また、私が「地面反力」について学んだテキサス女子大学のヤン・フー・クォン教授の研究室に、トレバー・イメルマンなどのトッププレーヤーを含む100人以上のゴルファーを呼んで、クォン教授の研究をサポートしていたのが、コモでした。当然、バイオメカニクスの知識は豊富で、タイガーのスイングに足のトルクによる回転が意図的に盛り込まれているのも、ごく自然なことと言えるでしょう。

タイガー復活の立役者で
バイオメカニクスに精通する敏腕コーチ

クリス・コモ（写真左端の人物）は、著者も師事するテキサス女子大学のクォン教授の研究室で、トッププロを含む多くのゴルファーのスイング分析に携わった。そうした経験や、バイオメカニクスの知識がバックグラウンドにあるからこそ、体に負担をかけずにパワーを引き出すタイガー・ウッズの新スイング構築ができたと言える（写真右端は、2010年ＬＰＧＡツアー賞金女王のチェ・ナヨン）

最新機器によって明らかになったスイングの真実

この10年くらいの期間で、ゴルフにもっとも影響を与えたもののひとつは、間違いなく「トラックマン」をはじめとした最新の計測機器でしょう。それ以前のゴルフ理論は、極端に言えば、その多くがトッププレーヤーの経験則に基づく「推測」と言ってもよく、最新の計測機器による弾道やスイングの動きの解析によって、それらの「推測」には「真実」も多く含まれていたものの、「間違い」もあったことがわかってきました。

わかりやすい例だと、インテンショナルショット（意図的にボールを曲げるショット）を打つ際に、従来は「スイングの方向にボールが飛び出して、フェースの向きによってボールが曲がる」とされていたのが、実際は、「フェースの向きにボールが飛び出して、スイングの方向によってボールが曲がる」ことがはっきりしました。飛ばし屋が「なぜ飛距離が出るのか」ということについても、「フォースプレート」などによる足圧測定や、「ギアーズ」などによるスイング動作解析によって、科学的に正しい「真実の答え」が、ゴルフの歴史上初めて次々と明らかになっているといっていいでしょう。

最新計測機器によって明らかになった インテンショナルショットのメカニズム

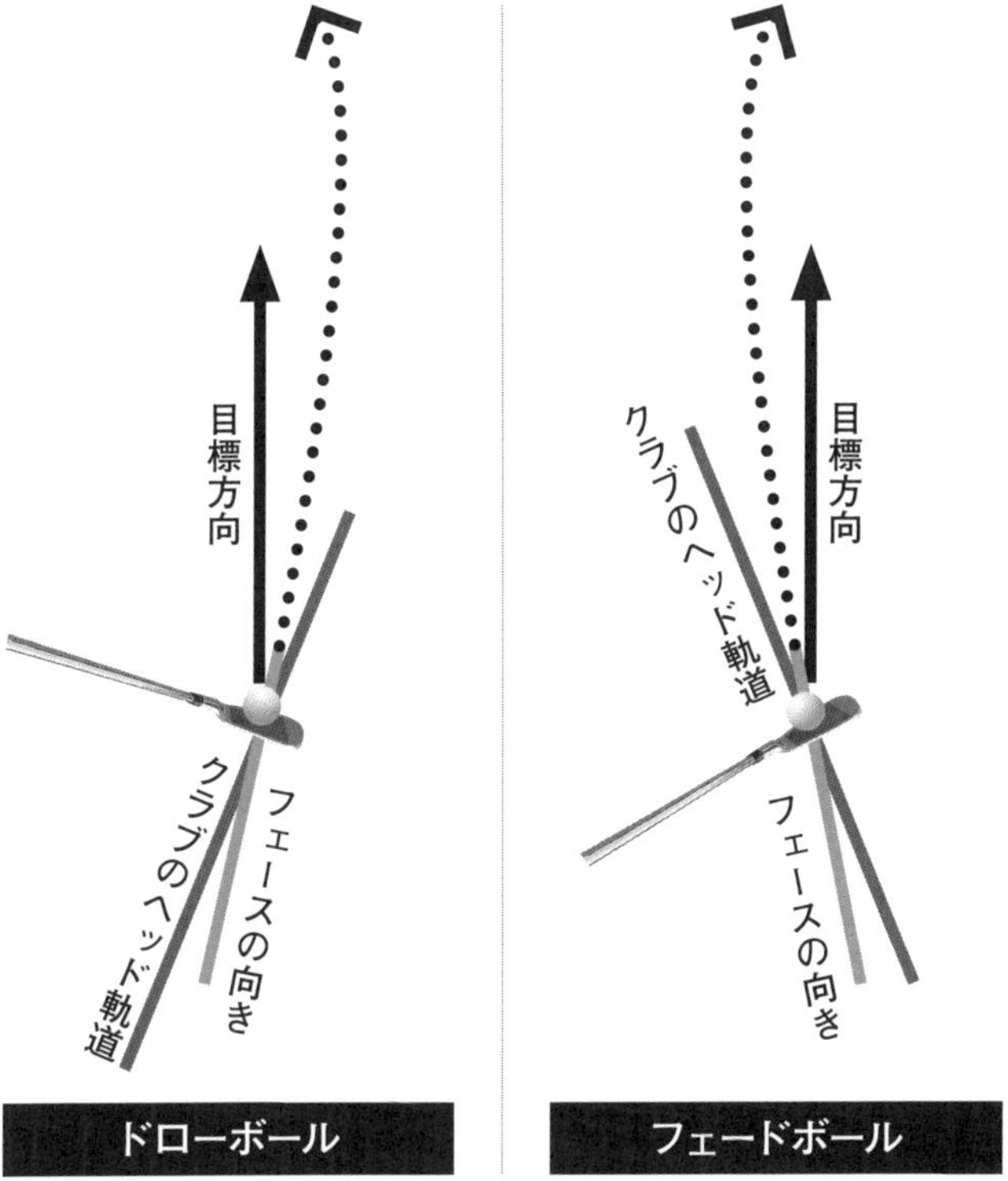

例えば、フックボールを打ちたい場合、従来は「フェースを最終目標地点に向けて、ボールを打ち出したい方向（ターゲットより右）にスイングする」とされてきたが、実際は「ボールを打ち出したい方向にフェースを向けて、その向きよりも右にスイングする」のが正しい。つまり、スライスが出る人の場合、よく言われるような「フェースを閉じる」（左に飛び出す）という対処法は効果が薄く、「左に振らない」ことが重要だということがわかる

飛ばし屋の実例 1
バッバ・ワトソンはなぜ飛ぶのか？

2012年にバッバ・ワトソンがマスターズを初制覇したとき、その圧倒的な飛距離で、従来では考えられないようなルートでオーガスタナショナルGCを攻略する姿に誰もが驚きました。ワトソンは、なぜあれだけの飛距離を出すことができるのでしょうか。

ワトソンのスイングの特徴として、体が左右に倒れる方向の運動（前後軸回転）が非常に速い点が挙げられます。この動きを作り出すのが、ダウンスイングでの右足（ワトソンはレフティのため通常の左足）への強烈な加重と、その後に続く過剰なまでの抜重です。地面を踏みしめる力が強いほど、強い「地面反力」を得られますが、ずっと踏みしめたままだと、反力がスイングに生かされません。ワトソンは、踏み込んでから伸び上がる（抜重）タイミングが絶妙で、しかも確実に反力を使い切っているので「飛ぶ」わけです。それに加えて、ワトソンの場合は、体を水平方向に回す動き（垂直軸回転）に関しても、反力を上手く使っています。詳細は後述しますが、「地面反力」には3つの方向があり、2つ以上使えるとその効果が増幅します。ワトソンは、その好例です。

インパクト後に浮き上がる右足が地面反力を使い切っている証拠

ダウンスイングで強く右足に加重し、地面からの反力を受けて、タイミングよく抜重することで、体の回転とクラブを振るスピードを最大限に上げている。インパクト後に、加重した右足が浮き上がっているのが抜重の証拠。また、ワトソンは軸の横移動も大きく、縦方向だけでなく横方向にも反力を使って振っているのがわかる

飛ばし屋の実例 2
レクシー・トンプソンはなぜ飛ぶのか？

レクシー・トンプソンは、ドライバー平均飛距離が275ヤードを超える、米LPGAツアーでも屈指の飛ばし屋のひとりです。トンプソンと言えば、ジュニアゴルファーによく見られるインパクトで飛び跳ねるような動きが最大の特徴でしょう。この動きは、バッバ・ワトソンと同じで、体を左右に倒す方向の動き（前後軸回転）を推進するものですが、ワトソンと違うのは、トンプソンの場合、地面から浮いてしまうほどの強力な反力をほぼ前後軸回転のために使い切っていることです。

彼女があれだけ下半身を使って飛ばそうとするようになったのは、兄に飛距離で負けるのが悔しかったからだそうで、彼女の周囲はやめさせようとしたそうですが、彼女を指導していたジム・マクリーンが、頑強に「やめさせなくていい」と主張して、トンプソンはそのままのスイングでプロになったという経緯があります。もちろん、マクリーンはバイオメカニクス的見地からトンプソンの飛ばしの素質を見抜いていたということで、そういうコーチが近くにいてくれたことは、彼女にとって本当に幸運だったと言えるでしょう。

地面反力を100パーセント
クラブを振る力に変換している

切り返しで左足を踏み込んで（沈み込んで）、タイミングよく左ひざを伸ばすことで、上体が右側に倒れる力を発生させることができる（前後軸回転）。これによって、クラブの振り子動作が強烈に加速する。左ひざを伸ばすと、腰の横回転を促進する力も同時に発生するが、トンプソンの場合はその要素が極めて少ない

POINT 1

「地面反力」の基礎知識①

地面反力でヘッド速度が上がるメカニズム

「地面反力」とは、地面に対して働きかけた力（自重も含む）に対して、地面のほうから跳ね返ってくる力のこと。スイング中、左足（右打ちの場合）を踏み込むことにより発生する地面反力は、体を複数方向に回転させる力に変換されて、それがヘッド速度アップにつながる
体が縦に回転する

地面反力がスイングに及ぼす力のうち、もっともわかりやすくヘッド速度に結び付くのが、上体を縦方向に回転させる力（写真）。左サイドが上がり(伸び)、右サイドが下がる(縮む)ことで、上体が右に傾くような回転運動が生まれるが、これがクラブの運動方向と一致するため、ヘッドが加速することになる

POINT 2

「地面反力」の基礎知識②

地面反力が生み出す回転には3つの「軸」がある

一般的に「スイング軸」と認識されている、体を垂直方向に貫く軸。この軸を中心に回転すると、体は水平方向に回る。「体を回転させる」というと、普通はこの「垂直軸」による回転のことを指す場合が多い

第2の軸　前後軸

体を前後方向（腹側から背中側）に貫き、体を縦に回転させる際に中心となる軸（中心はへその下、いわゆる「丹田」の位置）。誰もが意識する「垂直軸」とは異なり、この軸による回転を意識している人は多くないが、もっとも直接的に「地面反力」をクラブスピードに変換できる軸

第3の軸　飛球線方向軸

胴体を左右方向に貫く軸（「丹田」を通り、ターゲットラインと平行）で、この軸による回転は、上体を倒したり、起こしたりする。ダウンスイング中に上体が起きるのは、「悪い動き」だと思っている人が多いが、実はこの「目標方向軸」による回転が、ダフらずに打てる秘訣でもある

POINT 3

「地面反力」の基礎知識③

地面反力によりクラブを加速するための条件

右足の加重のほうが強いと
地面反力のベクトルが
ヘッド加速に
不利な方向に傾く

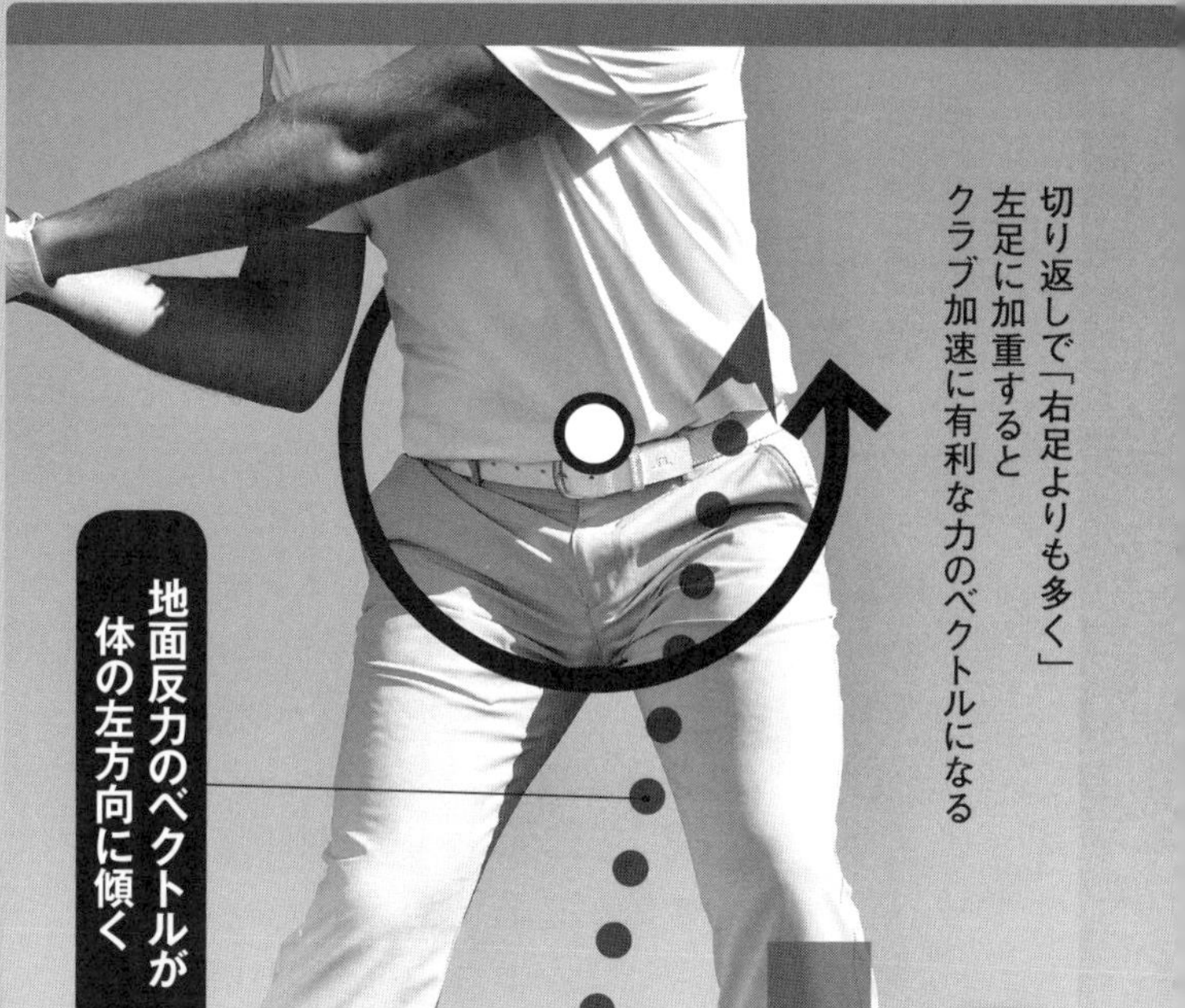

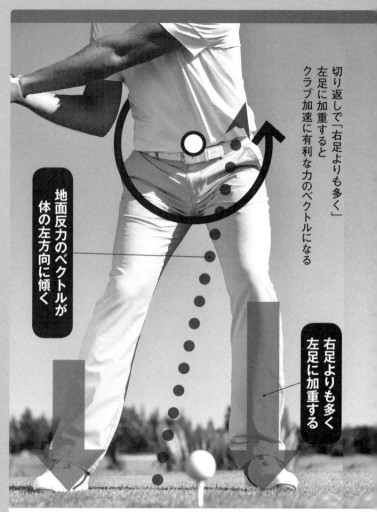

切り返しでは、左足を踏み込むことでダウンスイングがスタートするが、このとき右足より「少しでも多く」左足に体重がかかっている（加重されている）ことが重要。この条件により、地面反力のベクトルが（自分から見て）左側に傾き、「前後軸」の回転方向が（自分から見て）右回転となるので、クラブが加速するのに有利な力になる

01

「バイオメカニクス」は
スイングの
基本設計図①

本書でもたびたび登場する「バイオメカニクス」（生体力学、または生物力学）とは、結局のところ、一体、何なのでしょうか。もっとも簡略化すると、「人間の体を、いかに効率よく、いかに安全に動かすかということを研究する学問」ということになりますが、バイオメカニクスは単独の分野というよりも、運動生理学や医学、自然科学などといった類似分野（あるいは類似しない分野）との間で、「集学的」な研究を行う学問だと言えます。例えば、関節を安全に動かそうとすれば、まずは関節の構造を理解する必要がありますし（医学）、曲げたり伸ばしたりする際にどれだけの力がどこに加わるのかを知らなければなりません（運動生理学、保健科学）。その上で、ゴルフのスイングのような特定の動きに関して、実際に体の各部がどう動いているのか、どう動かせばもっと効率的にボールを飛ばすことができるのか、そういったことを研究するのがバイオメカニクスの役割というわけです。言ってみれば、バイオメカニクスは、運動の「基本設計図」を描く学問ということになります。

PART 2

「飛距離アップ」

がもたらすもの

アマチュアの飛距離は1996年から一進一退

前章で、ツアープロの飛距離が確実に伸び続けていることを紹介しましたが、では、アマチュアの飛距離はどうなっているのでしょうか。R&AとUSGAによる飛距離に関する年次レポートの2018年版によれば、イギリスでの調査による男性アマチュアの平均飛距離は、2017年の208ヤードから、2018年は215ヤードと、平均7ヤードもアップしています。しかし、2016年の平均飛距離は213ヤードだったため、それと比べるとわずか2ヤードのアップ。それどころか、過去に最高の平均飛距離を記録した2005年の217ヤードに比べると、むしろ飛距離がダウンしています。

プロと比べ、アマチュアの平均飛距離の推移はアップダウンが激しく、調査開始の1996年（平均200ヤード）に比べれば伸びているものの、その伸び率はプロに到底及びません。このことからも、プロが用具の進歩の恩恵にあずかっているだけでなく、技術を進化させて飛距離を伸ばしていることがわかります。もし、プロの技術がアマチュア同様に停滞していれば、飛距離の推移もアマチュアと大差ないことが推測できるからです。

アマチュアの飛距離は 2005年の217ヤードがピーク

アマチュアの平均飛距離推移（ハンディキャップ別）

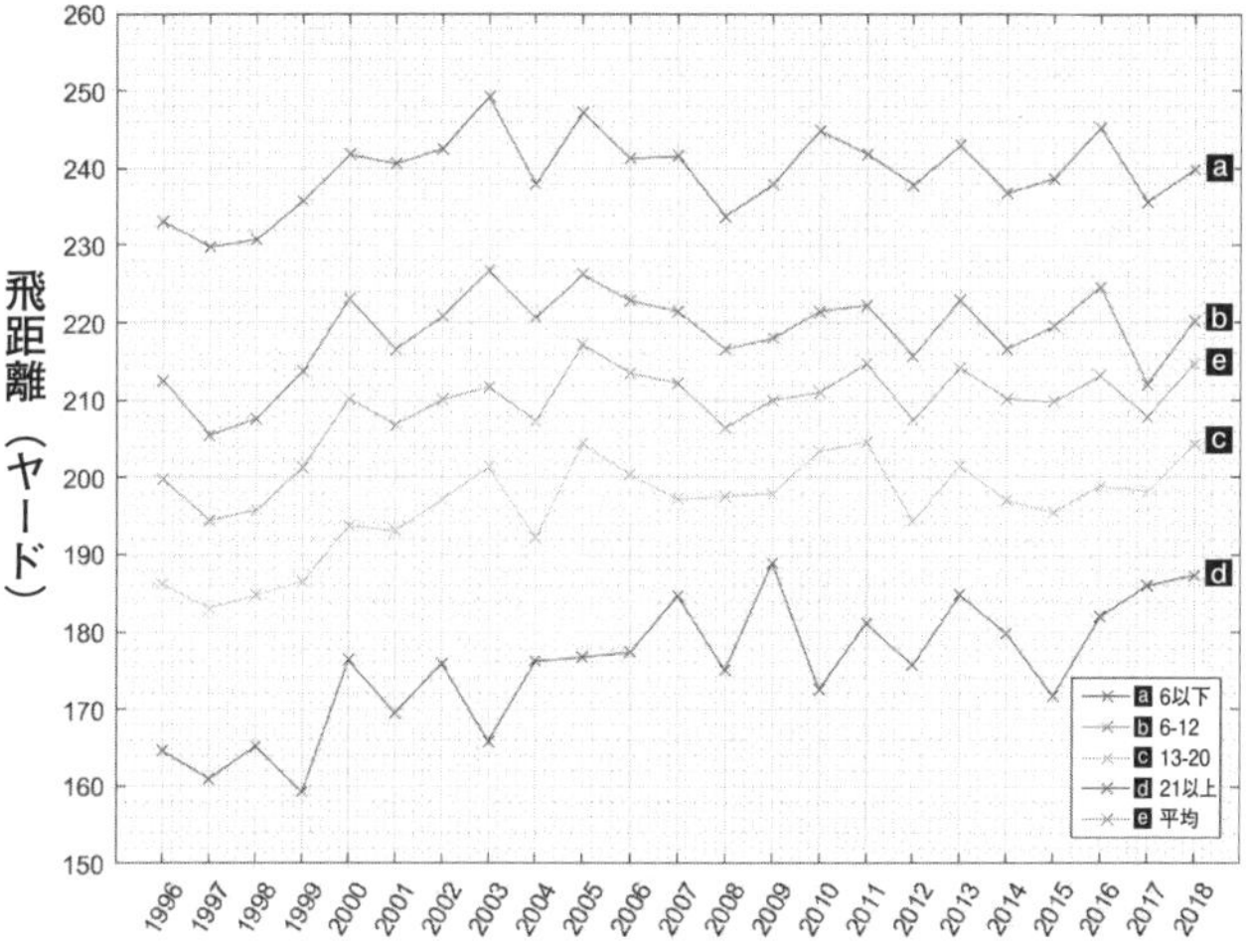

※出展：2018 Distance Report by R&A, USGA

1990年代から2000年代前半にかけては、プロと同様に飛距離の伸びが見られるが、これはクラブの素材、製法の革新によるものと考えられる。しかし、プロとは異なり、2005年をピークにその後はほとんど飛距離が変わっていない。つまり、アマチュアの場合は、プロのような飛ばしの「技術革新」は起きていないということ

アマチュアの飛距離が伸びない理由①

手打ち

そもそも、プロとアマチュアの飛距離には大きな差がありますが、この差を生み出している最大の要因は、プロが下半身を含めた全身の力を効率よく利用して打っているのに対して、アマチュアのほとんどが、ほぼ「手」だけの力に頼って飛ばそうとしていることにあります。こうした「手打ち」の人の場合、スイングのスタート時と切り返しで、下半身がほとんど動かずに、まず「手」が動いてしまいます。とくに、切り返しで手を先に動かしてしまうと、左サイドへの加重（踏み込み）が起こらず、「地面反力」を体を右に倒す方向の回転に変換して（前後軸回転）ヘッドを加速させることができずに、ほぼ上半身の筋力だけでクラブを振らざるを得なくなります。また、手で下ろしてしまうと、高確率でアウトサイドイン軌道になるので、真っすぐ飛ばすのが難しくなります。

切り返しで下半身から動き出すためには、それ以前から動作の意識が常に下半身にあることが重要です。プロがごく自然に下半身から切り返せるのは、テークバックの時点で両足の力を使って上げていくので、意識が常に下半身にあるからと言えます。

手で切り返してしまうと左足への加重が不十分になる

切り返しでは、右足より少しでも多く左足に加重することが不可欠。これによって、地面から反力を受けると、体が右に倒れるような回転（前後軸回転）に変換されてヘッドの振り子運動が加速する。切り返しで手を使うと、左サイドへの加重が起こらず、地面反力を効果的に使えない

アマチュアの飛距離が伸びない理由②
軌道のズレ

アマチュアでも、1発だけなら250ヤード以上、人によっては280ヤード以上飛ばせる人はいます。しかし、「平均飛距離」となると、途端に数字は下がります。つまり、ナイスショットで250ヤード飛ぶこともある一方で、大きく左右に曲げて180ヤードしか飛ばないことも多いというわけです。

ボールが曲がる原因の大部分は、ダウンスイングのクラブ軌道のズレにあります。「スライス」の場合は、クラブ軌道が「アウトサイドイン」になっていることが原因、「フック」の場合は逆に「インサイドアウト」になっていることが原因となります。いったんダウンスイングに入ってしまうと、クラブ軌道を修正することは難しいので、振り出すポジション、つまり、切り返し直後のクラブの位置が、とても重要になります。アマチュアの多くは、切り返しで手に力を入れてしまうので、手が前に出て、振り出しの位置がアウトサイドになっています。切り返しでは、下半身から先に動かして手（腕）を受動的に動かすようにすると、振り出しの位置が適正になり、ストレートボールが出やすくなります。

切り返しで手に力を入れると高確率で「アウトサイドイン」になる

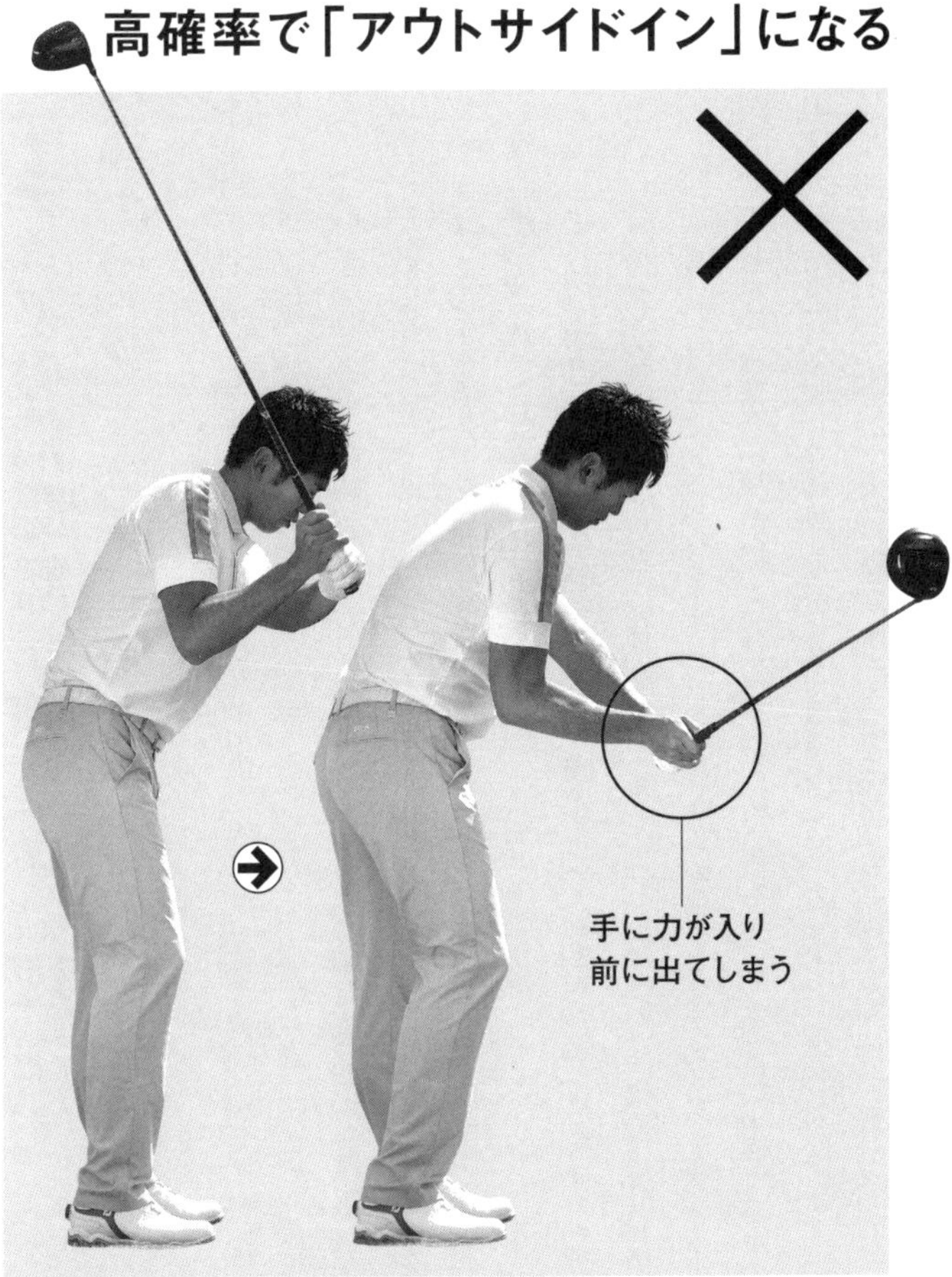

手に力を入れて切り返すことで、手の位置が前に出てしまい、クラブがアウトサイドすぎる位置からスタートしてしまう。こうなると、途中で軌道を変更するのはほぼ不可能なので、高確率でスライスになる。切り返しでは、手の力に頼らず、下半身から動かす意識が非常に重要

アマチュアの飛距離が伸びない理由③
打点のブレ

ボールを曲げてしまうことよりも飛距離のロスに対して影響が大きいのは、打点のブレです。ゴルフクラブは、フェースの「芯」でボールをとらえたときに、いちばん初速が出るようになっています。そのため、芯を外してしまうと、確実に飛距離は落ちます。ドライバーの場合、一般的に芯を「1センチ」外すごとに、飛距離が「10パーセント」落ちると言われています。最大飛距離200ヤードの人で考えると、芯を1センチ外しただけで、20ヤードも飛距離が落ちる計算になります。

芯を外してしまう原因は、やはりクラブを手で操作してしまうことにあります。また、「当てよう」という気持ちが強いと無意識に体がボールに近づいていくため、ひじが曲がって「ひじ引け」の状態になりやすくなります。下半身からダウンスイングをスタートさせて、動きの連鎖の結果として最後に腕が振られる状態になると、クラブが常に一定の軌道で振り下ろされるため、芯に当たる確率が高まります。そうなると、インパクトを意識せず思い切って振り切れるので、ヘッド速度が上がるという好循環も期待できるでしょう。

ボールに当てようという意識が強いと無意識に体がボールに近づく

タイミングよく左ひじを伸ばして振り切ると、スイングの円弧が大きくなって、ヘッドスピードも上がりやすい。しかし、ボールに「当てよう」としてしまうと、無意識に体がボールに近づき、それによって腕が縮こまってしまうため最大の円弧を確保できない

大学教授が導き出した「スコア」の真実

２０１４年に、米コロンビア大学ビジネススクールの、マーク・ブローディ教授が著した、『ゴルフデータ革命』（プレジデント社刊。原題〝Every Shot Counts〟）という本は、すべてのゴルフ関係者に衝撃を与えました。

ブローディ教授は、２００３年から２０１２年までの、米ＰＧＡツアーにおけるほぼ全ショットのデータをもとにして、ドライバーからパターまで、どのショットがどのくらいスコアに貢献するかということを分析しました。

その結果、ＰＧＡツアーにおいて、スコアにおけるパッティングの貢献度の平均は約35パーセントでしかなく、トップ40の選手に限って言えば、その貢献度は約15パーセントと、さらに小さいことがわかったというのです。

これがどういう意味かというと、パット以外（つまりショット）のほうが、スコアを作るうえで大事だということです。「パット・イズ・マネー」という言葉があるように、それまではスコアアップにはパッティングこそ最重要と思われていたわけですが、それが実は、ショットの質を上げるほうがスコアを縮めるには近道だったということが、統計学的な分析によって初めて明らかになったのです。

ブローディ教授は、自身の分析結果を基に「スコアゲインド（SG）」という、プレーの質を示す新たな指標を生み出しました。それが現在では、PGAツアーの公式スタッツ（統計数値）として採用され、ツアーのホームページを閲覧すると、全選手のデータが公開されています。

パッティングのSGが高い人は、パッティングでスコアを稼いでいるというわけですが、各プレーヤーのデータを見ると、上位選手にはドライバーやセカンドショットなど、パッティング以外のSGのほうがはるかに高いプレーヤーも多いことがわかります。さらに、確実な相関関係があるとは言えないまでも、平均ドライビングディスタンス上位のプレーヤーが、ドライバーのSGも高いという傾向も見受けられます。つまり、飛距離が出るプレーヤーのほうが、スコアがよくなる可能性が高いということなのです。

飛距離が20ヤード伸びるとスコアが「0・75打」縮まる

飛距離が伸びると、本当にスコアがよくなるのか。ブローディ教授は、その点についてもPGAツアーで採取した膨大なデータを用い、コンピューターによるシミュレーション解析によって答えを導き出しています。結論として、PGAツアーのプレーヤーでは、飛距離が20ヤード伸びるとスコアが1ラウンドあたりおよそ「0・75打」縮まることがわかりました。明確に、「飛ぶプレーヤーのほうが有利」ということが、統計学的に証明されたということです。「飛んでも曲がったら意味がないんじゃないか」と思う人もいるかもしれませんが、プロの場合は、飛距離の出るプレーヤーほど実は精度も高い傾向があり、飛距離が平均以上のプレーヤーのほうが、精度が平均以上のプレーヤーよりスコアがいい（つまり、精度より飛距離のほうが重要度が高い）ということもわかっています。

そして、ブローディ教授は、「アマチュアがスコアを縮めるためには、飛距離のほうが精度よりはるかに重要」と述べています。ゆえに、スコアアップのために今すぐやるべきなのは、「地面反力」の使い方を知って、飛距離をアップすることなのです。

飛距離の出るプレーヤーのほうが平均スコアがよくなる傾向がある

2019年度成績	
ローリー・マキロイ	ジョーダン・スピース
平均飛距離 313.5Y（2位）	平均飛距離 295.2Y（88位タイ）
平均スコア 69.057（1位）	平均スコア 70.453（35位）

R・マキロイとJ・スピースの2019年のデータからは、平均飛距離と平均スコアに、何らかの相関関係があるように見える。ただし、プロは、飛距離以外の要素で平均スコアを押し上げることも珍しくない。好調時のスピースは、圧倒的なパット力で飛距離をカバーしていた

タイガーに負けない飛距離で全英オープンを制したF・モリナリ

近年、プロツアーでは、飛距離のアップがスコアや成績のアップに直接結びつく傾向が強くなっています。飛距離を伸ばして結果を出したプレーヤーの例を、いくつか見ていくことにしましょう。最初は2018年の全英オープンで、イタリア人ゴルファーとして初めてメジャーを制したフランチェスコ・モリナリです。

ツアーのデータを見ると、2015年のモリナリのドライビングディスタンス平均は286・7ヤードでしたが、翌17年は292・4ヤード、全英を制した18年は301・0ヤードと、明らかに飛距離が伸びているのがわかります。優勝した全英の最終日はタイガー・ウッズとのペアリングでしたが、お互いにドライバーでティショットを打って、モリナリのほうがタイガーよりも飛んでいたホールがいくつかありました。飛距離が伸びた要因にはトレーニングの効果もありますが、やはりスイングの改善によるところが大きいでしょう。コーチのデニス・ピューが、下半身の使い方を修正して、より効率よく「地面反力」を使えるスイングにしたことが、メジャー制覇につながったことは間違いありません。

切り返し直後の沈み込み動作で地面反力を最大にしている

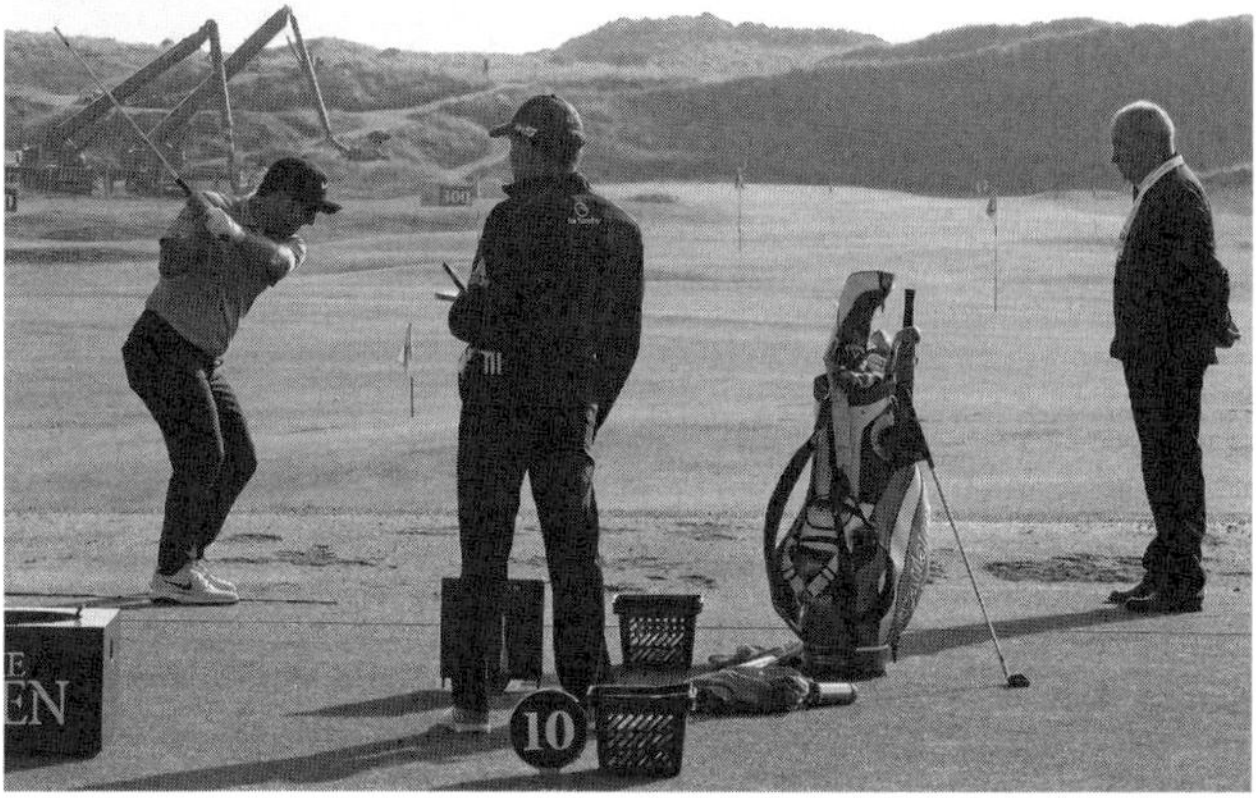

優勝した2018年の全英オープンで、練習するF・モリナリ。切り返し直後に沈み込む動作を、意図的に採り入れているのが明らか。それによって得られる地面反力を利用して飛距離を伸ばしたことが、イタリア人初のメジャー制覇につながった。右端はコーチのデニス・ピュー

著者の質問に答える、デニス・ピュー。沈み込み動作からのひざの伸展によって、クラブを加速させるメカニズムを十分に理解している

日本だけでなく世界で大ブレークしたチェ・ホソン

2018年、フィニッシュで大きくよろめくような独特のアクションで打球を見送る姿が話題になり、一気にツアーの人気者となった韓国のチェ・ホソン。スイング動画がネット上で拡散し、日本だけでなく今や世界中のゴルフファンの注目を集めるプレーヤーのひとりとなりました。一見、めちゃくちゃなような彼のスイングですが、あのアクションは彼自身が開発した、実に理にかなったスイングの一部です。

特徴的なのは、インパクトの後に右足を跳ね上げていることです。これには、左ひざを伸ばすことで作り出す体の水平方向の回転(垂直軸回転)を「止めたくない」という気持ちが表れており、実際に垂直軸回転を促進して、飛距離をアップする効果があります。ホソンのスイングを計測すると、確かに右足を上げたときのほうが、ヘッドスピードが上がることが確認されているからです。彼は元々、非常にオーソドックスなスイングのプレーヤーでしたが、そのころよりも現在のほうが飛距離が出ていますし、それによって日本ツアーで優勝することができたのですから、意味のある「右足」ということになるでしょう。

「フィッシャーマンスイング」には ヘッドスピードを上げる効果がある

写真:岡沢裕行

水産高校出身で、フィニッシュのよろめき方がまるで「釣り人」のようだということから、海外では「フィッシャーマンスイング」と呼ばれている。右足を上げるのは、腰の水平回転スピードを落とさないようにするため。実際に、右足を上げたほうがヘッド速度は速いという

飛距離アップで2018年のプレーオフシリーズで連勝したB・デシャンボー

米PGAツアーには「プレーオフ」があり、そこで獲得するポイントによっては、最終的に15億円を超えるとてつもない額の賞金を手にできます。2018年のプレーオフでは、ブライソン・デシャンボーが初戦、第2戦と連勝し、年間チャンピオンを狙える絶好の位置につけましたが、3戦目以降は失速し、ビッグチャンスを逃しました。

デシャンボーは、大学で物理学を専攻し、ホーマー・ケリーという物理の専門家が著したゴルフ書の『ザ・ゴルフィングマシーン』を手本として、独特の「1プレーンスイング」を実践するプレーヤーです。プロデビューした2016年は思ったほどの活躍ができずに、翌17年から飛距離アップに取り組み始め、18年はその成果で大躍進の年となりました。具体的には、スタンスをデビュー当初よりもワイドにして、より足を使ったスイングをするようになっています。その代償として、彼のこだわりである「1プレーンスイング」はやや複雑なものになっているのですが、それでも、2018年だけでツアー4勝という成績と引き換えなら文句はないでしょう。

「1プレーンスイング」を維持しながら足を使って飛距離アップ

B・デシャンボーは、すべてのクラブで、ひとつの同じスイングをすることを理想として、アイアンの長さを統一した「ワンレングスアイアン」を使用していることで有名。ただし、2017年からはそれまでよりも積極的に足を動かして、飛距離を追求する姿勢も見せている

「バイオメカニクス」はスイングの基本設計図②

「バイオメカニクス」が、他分野との「集学的」アプローチの上に成り立っている学問だということはすでに述べましたが、ゴルフのように道具を使う運動の場合、クラブやボールの構造や性質を知ることや（運動工学）、クラブ単体での運動解析やインパクト時のクラブとボールの挙動、衝突エネルギーの伝達効率などといった知識（一般物理学）も必要となってきます。現在では、様々な計測機器が開発、実用化されているおかげで、必要なデータが簡単に収集でき、より正確なスイングの「基本設計図」が描けるようになっています。

「バイオメカニクス」の「集学的」イメージ

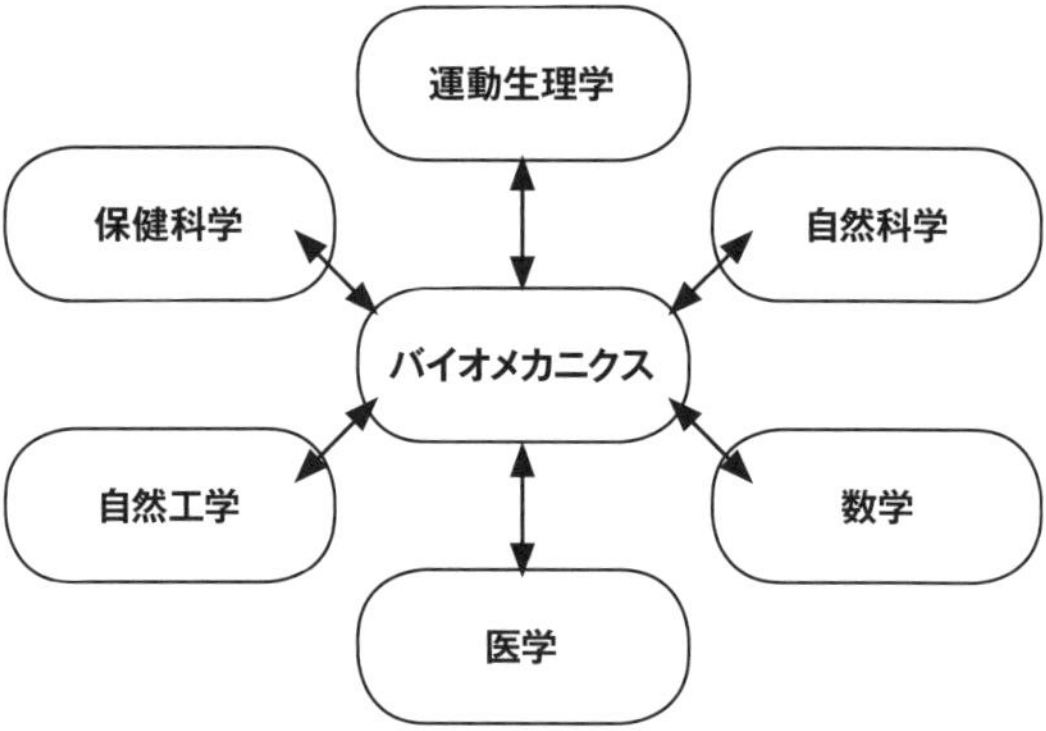

PART 3

「地面反力」at a glance

（地面反力の基礎）

「地面反力」の基礎①
「内力」と「外力」について

さて、ここからは「地面反力」を使ってボールを遠くに飛ばす、具体的な方法について説明していきたいと思います。そもそも「地面反力」というのは、どのようなものでしょうか。それを理解するには、「内力」と「外力」の違いを知る必要があるでしょう。

「内力」というのは、単純に言えば、自分自身で発生させることができる力のことで、スイングの動きで言うと主に「筋力」に由来します。それに対して、「外力」というのは、読んで字のごとく自分に対して「外」から働く力のことで、「重力」や「遠心力」などがその代表例ですが、「地面反力」もこちらに含まれます。壁を手で押すと、自分が押している力の分だけ壁から押し返されます(押し返されないとすれば、壁が動いてしまう)。壁を押す力が「内力」で、壁から押し返される力が「外力」です。上手く壁に力をかければ、その反動で自分自身を後ろに動かす(跳ね返す)ことができます。これが「内力」＋「外力」による運動のイメージです。「地面反力」を使ってスイングするということは、これと同じことを地面を使って行うということになります。

自分でかけた力（内力）の分だけ押し返される力（外力）が「地面反力」

踏み込んで（加重）
すぐ抜重すると
強い上向きの力が得られる

切り返しで左足を踏み込むと、踏み込んだ力（内力）と同じ分だけ地面から押し返される（外力）。これが「地面反力」。地面反力を使うには、地面から押し返されるままに踏み込んだ左足を伸ばすこと（抜重）が必要。これによって、体の他の部分が連鎖的に動いていく

「地面反力」の基礎②
「外力」を使うから体に無理なく飛ばせる

「地面反力」は「外力」のひとつだと説明しましたが、そんなよくわからないものを本当に上手く使えるのかと、疑問に感じる人もいるでしょう。でも、安心してください。そもそも、地面反力というのは、日常生活の中で私たちが普通に使っている力なのです。例えば、「歩く」という動作にも地面反力が使われています。踏み出した足が、地面反力によって押し返されるからこそ、それを軸として反対側の足を前に出すことができるのです。仮に、地面が沼地だとすると、踏み出した足が反力を受けられずに沈んでしまうため、次の1歩を踏み出せません。「外力」を利用すると、自分自身が持っている「内力」だけでは発生させることができない大きさの力を使うことができます。もし、内力（筋力）だけで速いヘッドスピードを生み出そうとすると、体に強い負担がかかるため、ケガのリスクが生じます。また、筋力には限界があるため、それを超えてスピードを上げようとすれば、あとはトレーニングで筋力をアップするしかなくなります。「地面反力」を使えば、今持っている筋力のままで、安全、かつ最大効率でヘッド速度を上げることができるのです。

筋力で生み出せる以上のスピードを「外力」を使うと引き出せる

切り返しで左足を踏み込み、反力を受けて左足を伸ばすと、それが引き金となって、腰の回転（垂直軸回転）や上体を横に倒す方向の回転（前後軸回転）がうながされ、スイングの動きが滑らかになり、ヘッドスピードが上がる。自分の力（筋力）だけでこれをすべて行うのは難しい

「地面反力」の基礎③
下半身を使うことが大前提

立っているだけでも「地面反力」は働いてますから、どんなスイングの持ち主でも多かれ少なかれ地面反力を使ってはいます。問題なのは、地面反力を「どのくらい」使っているかということで、当然、たくさん使っている人ほど「飛ぶ」ということになります。

では、飛ぶ人と飛ばない人は、何が違うのでしょうか。結論から言うと、スイング中に下半身を動かす意識が強い人ほど、地面反力を使いやすく、飛ぶ可能性が高いです。飛ばないアマチュアの多くは、スイング中の意識がすべて上半身にあって、下半身を使う意識がうすいので、地面反力を受けるのに必要な動作が起こりづらく、ゆえに「飛ばない」ということになります。上級者ほど、スイングのスタート時点ですでに「下半身から動かす」という意識を持っています。最初から下半身に意識があれば、切り返しでも下半身から動き出しやすく、左足への加重、抜重もスムーズに行うことができます。スイングのスタートを手で行ってしまうと、切り返しも手で下ろしやすくなるため、左足への加重が不十分になり、地面反力を上手く受けられなくなります。

テークバックのスタート時点から下半身の力を使って行う意識があるといい

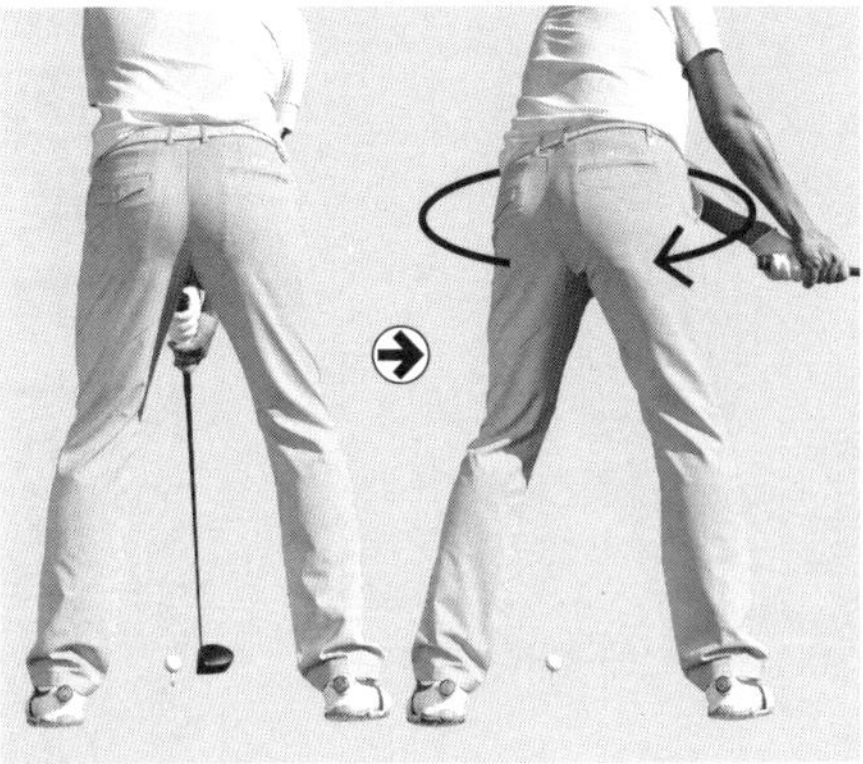

足裏と地面を密着させ、左足のつま先側と右足のかかと側に体重をかけると、その力で腰が回転する。テークバックはこの力を利用して、手を使わずに上げていく

切り返しで下半身から動き始めることは地面反力を使う上での最重要事項

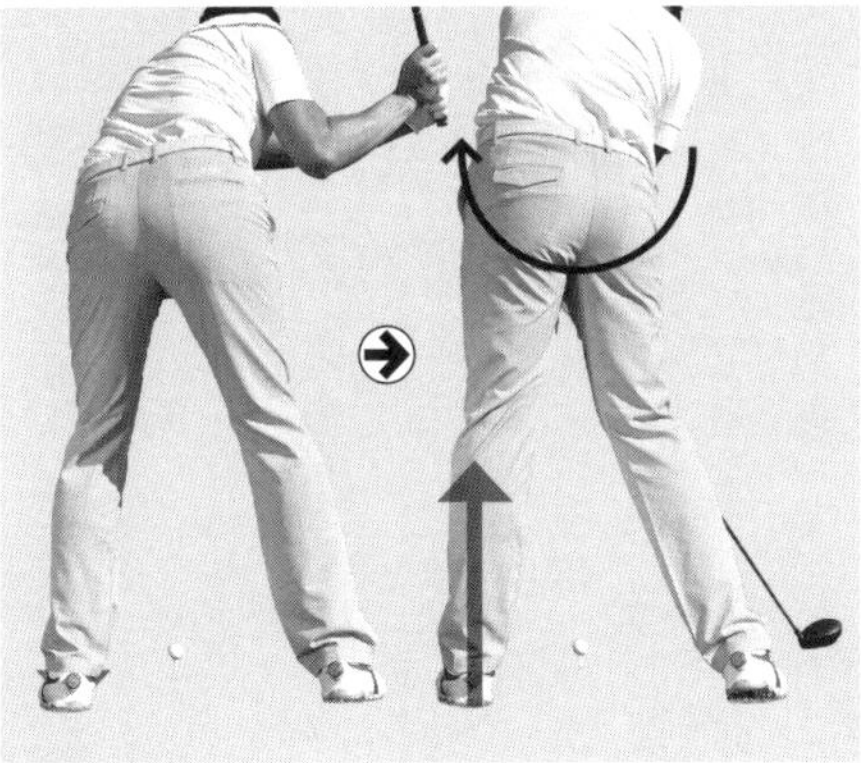

切り返しで左足に加重すると、反力を受けて左足が伸びる際に体が右に倒れるように回転（前後軸回転）する。これによりヘッドスピードがアップする

「地面反力」の基礎④
下半身リードで起こる「運動連鎖」

ゴルフのスイングに限らず、スポーツの動きには「順番」がとても大切です。「下半身を使う」意識が必要なのは、正しい順番で体を動かすためでもあります。例えば、プロ野球のピッチャーが150キロの剛速球を投げられるのは、踏み出した足でまず強く地面に圧力をかけ、そこから跳ね返ってくる力（地面反力）を利用して体をねじり、腕を振るスピードに変換しているからです。

下半身からスタートするこの一連の動きのつながりを「運動連鎖」（キネティックチェーン、kinetic chain）と呼びます。運動連鎖が

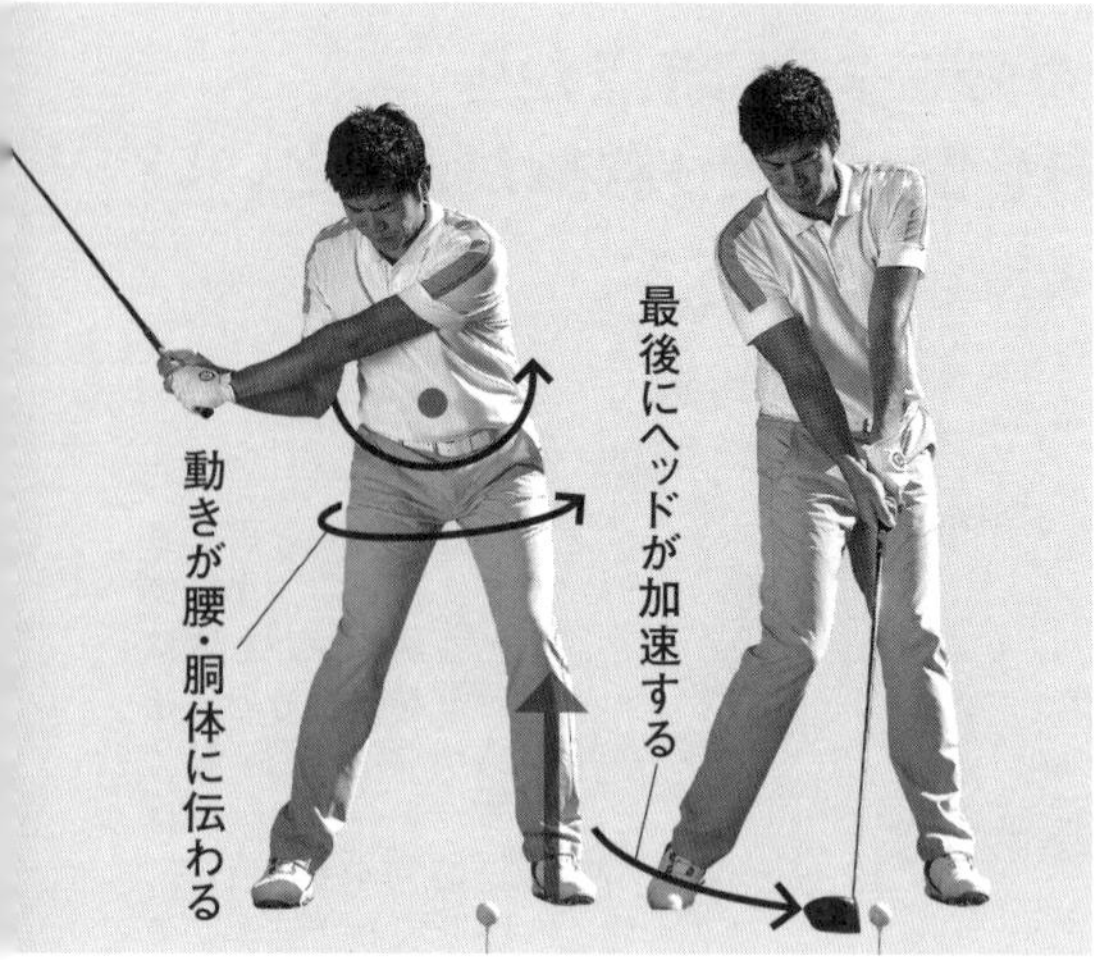

最後にヘッドが加速する
動きが腰・胴体に伝わる

下半身からの「運動連鎖」がスムーズでパワフルなスイングを生む

スイングにおける最末端部分であるヘッドを加速させるには、足、腰、胸（上半身）、腕と順番に動きを連鎖させていかなければならない（運動連鎖）。最初に足以外の部分から動かすとスピードは出ない

上手くいかないと、運動自体がスムーズに行われないので、当然、スピードも速くなりません。ゴルフのスイングで言うと、切り返しでまず左足を踏み込むことで、地面に圧力をかけ、跳ね返ってくる力を利用して上体を倒したり、腰を回したりすることによって、腕とクラブを引き下ろす、というのが正しい「運動連鎖」となります。したがって、切り返しで左足を踏み込むより先に手や上体が動き始めてしまうと、その時点で運動連鎖が正しく働かなくなり、クラブを速く振ることができなくなってしまいます。また、順番が狂うことで動きの自然さが損なわれ、アウトサイドイン軌道や腰引け、伸び上がりなど、スイングの様々なミスを誘発してしまいます。

「地面反力」にまつわる誤解①
「地面反力」は難しくない

今では、日本のゴルフ界においても、「地面反力」という言葉自体はかなり浸透してきていると思います。しかし、とくに一般アマチュアに関しては、それがどういうもので、どうやって使えばいいかということまでは、まだ正しく理解している人は少ないかもしれません。いちばん多い誤解のひとつが、地面反力は一部のトッププロだけが使いこなすことができる「スーパーテクニック」のひとつだというものです。先述したように、地面反力というのは、ただ立っているだけで発生しているものですから、どんなスイングの人であれ、必ず使っています。誰でも「使えている」のですから、「トッププロだけが使える」というのは、間違いだということがわかっていただけるでしょう。問題は、ごくありふれた力である地面反力を、いかに効率よく使うかということ。これには、ほんの少しだけコツが要ります。ジュニアゴルファーなどはこのコツを無意識に実践しているので、インパクトで地面から跳び上がるほどの強い地面反力を使うことができます。もちろん、コツさえつかめば、誰でも、今すぐにでも使えるようになることは、言うまでもありません。

地面反力を使いこなすには「加重」と「抜重」のタイミングが大事

地面反力は、地面に対して自分が加えた圧力が強いほど大きくなる。したがって、切り返し直後に、左足を強く踏み込むこと（加重）が大事だが、それをスイングの動きに変換するには、タイミングよく「抜重」することも必要。いつまでも加重し続けると、反力を得ることができない

「地面反力」にまつわる誤解②
「地面反力」に筋力は要らない

世界のプロツアーの中でも屈指の飛ばし屋であるローリー・マキロイやブルックス・ケプカは、かなりハードな筋力トレーニングによって、強靭な肉体を持つことでも知られます。このことから、「飛距離を出すには筋力が必要」、あるいは「筋力がある人が地面反力を有効に使える」というように、「筋力」と「飛距離」を短絡的に結びつけてしまう人が多いかもしれません。もちろん、筋力がアップすると、その人が持つ飛距離の「最大値」がアップします。つまり、トレーニングしたマキロイと、トレーニングしていないマキロイでは、前者のほうがポテンシャル（潜在能力）としての最大飛距離が大きくなるのは間違いありません。しかし、多くのアマチュアにとって必要なのは、マキロイのように300ヤードを超える飛距離を出すことではなく、本来持っているその人の最大飛距離をどうやって出すかということです。この点において、必要以上の「筋力」というものはまったく必要ありません。「地面反力」という、飛距離を出すコツを習得することによって、必ず、その人の潜在能力的最大飛距離までは飛距離をアップすることができるからです。

プロが「筋トレ」をするのはすでにスイングの効率が最大値に達しているから

R・マキロイ（左）やB・ケプカ（右）は、練習にハードな筋力トレーニングを採り入れているが、それが彼らの飛ばしの秘密ではない。プロのスイング効率は高いので、そこから最大飛距離を上げるには、トレーニングしか手がない。しかし、アマチュアはまず、スイング効率を上げることが大事

「地面反力」にまつわる誤解③
「地面反力」に年齢は関係ない

「年を取っている」という理由で、飛距離をあきらめている人がたくさんいると思います。「地面反力」を使ったスイングは、そういう人にこそ試してほしい「飛距離アップ術」と言えるかもしれません。そもそも、年齢にかかわらず、アマチュアは自分が持っている最大飛距離の8割も出せていない人がほとんどです。その原因は、「手打ち」に代表されるように、筋力（内力）によってヘッドスピードを上げようとすることにあります。筋力による飛ばしには限界があります。また、若い頃に筋力に頼ってクラブを振り回していた人ほど、加齢によって筋力が衰えると、めっきり飛距離が落ちてしまう傾向があります。

年齢を重ねたゴルファーほど、自分のスイング効率を見直し、筋力だけに頼らない、理にかなった飛ばし方を身につけるべきでしょう。そうすることで、何歳からでも飛距離アップは可能です。また、筋力に頼った飛ばしというのは、体への負荷が大きく、ケガの心配がありますが、「地面反力」を使ったスイングは、不自然な動きが少なく体にやさしいので、いつまでも飛ばすことができるのです。

「地面反力」を使った飛距離アップは何歳からでも可能

2018年の全英オープンを制したＦ・モリナリが、本格的に飛距離アップに取り組んだのは30歳を過ぎてから。地面反力を使い、スイング効率を上げれば、何歳でも飛距離を伸ばせるという好例。アマチュアは、プロほどスイング効率が高くないので、むしろ飛距離の「伸びしろ」は大きい

上手くいかない人へのアドバイス①
踏み込みすぎない

この本を手に取った時点ですでに、「地面反力」を使ったスイングにトライしたことがある人もいるでしょう。そして、何となく「上手くいかない」と感じている人も多いのではないでしょうか。地面反力を上手く使えないというケースで、いちばん多い原因が「踏み込みすぎ」です。ここで言う「踏み込みすぎ」とは、踏み込みの「強さ」ではなくて、「時間の長さ」のことになります。地面反力を使ってスイングするには、加重（踏み込み）と抜重（伸び上がり）を、タイミングよく、連続して行う必要があります。実際、加重が最大になる（つまり、地面反力も最大になる）のは、ダウンスイングで左腕が地面と平行になるくらいの地点で、そこから先は抜重に転じていきます。多くの人が考えているより加重の時間は一瞬で、短いのです。ボールを遠くに飛ばせる人は、その一瞬で地面にものすごい圧力をかけていますが、強く踏み込もうとして抜重のタイミングを逃してしまうと、せっかくの地面反力が無駄になってしまいます。また、「踏み込み続ける」ことで体が沈み込んだままだと、ボールと体の距離が近くなって、ダフリなどの原因にもなります。

「踏み込もう」とする時間が長いと左ひざが目標方向に流れやすい

切り返しで左足に踏み込む時間は、ほんの一瞬だけでいい。ダウンスイングの後半まで踏み込み続けようとすると、左ひざが流れて、弱いインパクトになりやすい

インパクトまで沈み込むとダフリやトップの原因になる

左に踏み込む際、体全体を沈み込ませるイメージがあってもいいが、沈み込んだままだとダフりやすく、それを嫌って急激に伸び上がることでトップも出る

上手くいかない人へのアドバイス②
リリースのタイミングを整える

「地面反力」を試したけど上手くいかなかったという場合、「踏み込みすぎ」の次に考えられる原因は、「リリースのタイミング」が悪いことです。これは、野球のピッチャーで例えると、ボールを放すタイミングが遅い（ボールが地面に叩きつけられる）、あるいは、逆に早すぎる（空中への大暴投）のと同じです。下半身からの「運動連鎖」が、腰、胸（上体）、腕と徐々に末端であるクラブに近づいてきたら、上手くタイミングをとらえてリリースしないと、せっかくそこまで蓄積したスピードが生かせなくなってしまいます。とは言っても、リリースというのは腕の力を抜いて、手首をやわらかく保っておけば、実は「勝手に」起こるものです。リリースのタイミングが遅い人は、ダウンスイングでクラブを「タメて」下ろそうとしすぎていることが多いです。そうすると、手元を目標方向に送りながら振ってしまうので、いつまでもヘッドが下りてこなくなります。また、リリースが早すぎる人の場合は、切り返しで腕に力が入りすぎている人がほとんどです。切り返しは「下半身から」という原則を、頭に置いてスイングしてみて下さい。

タメを作って下ろそうとしすぎると リリースのタイミングが遅くなる

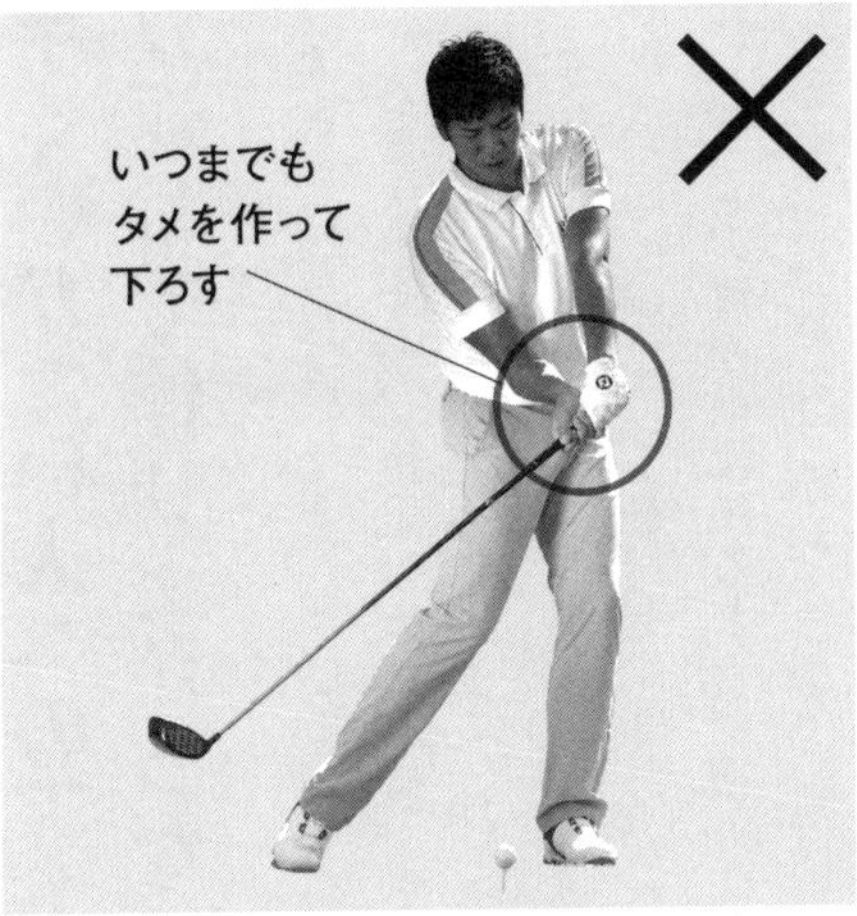
いつまでも
タメを作って
下ろす

リリースのタイミングが遅れると、運動連鎖で増幅・伝達されてきたスピードが、最末端のクラブヘッドに届かない。クラブを「タメて」下ろす意識は必要ない

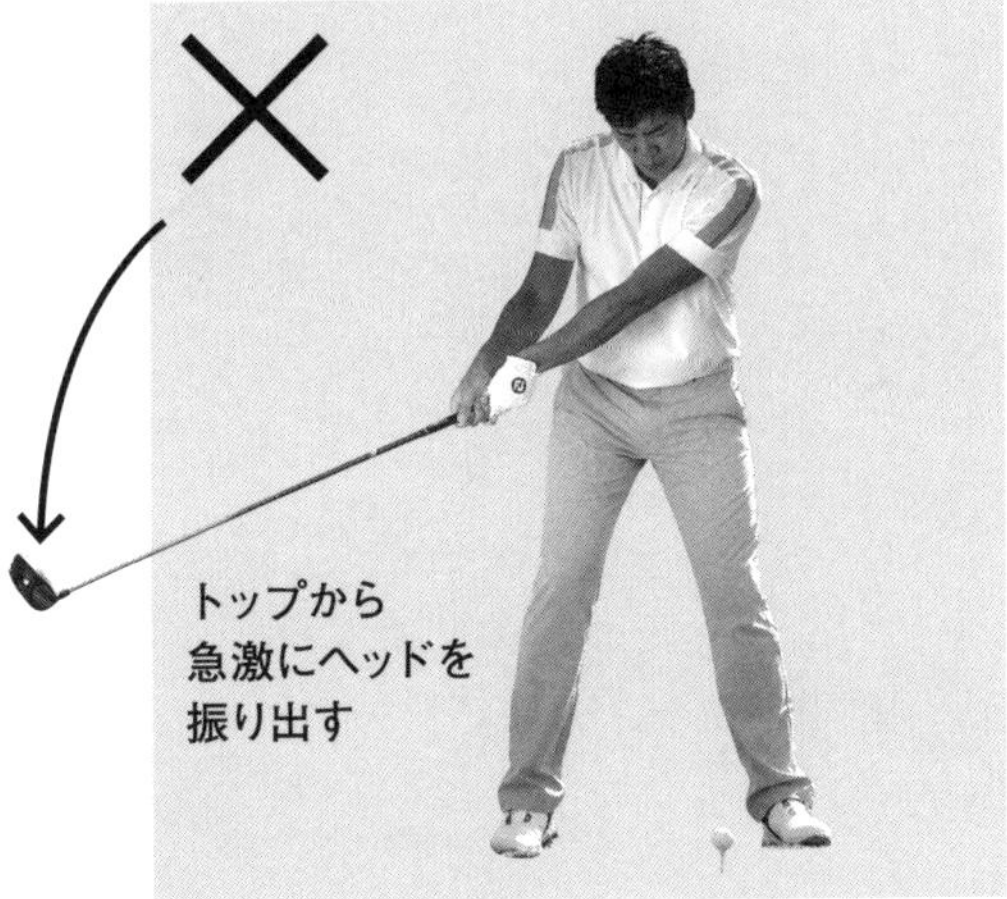
トップから
急激にヘッドを
振り出す

いわゆる「アーリーリリース」は、手打ちの人に多い。切り返しで手に力が入ると起こるので、トップでは腕をリラックスさせ、下半身から切り返す意識が必要

上手くいかない人へのアドバイス③
切り返しで伸び上がらない

「踏み込みすぎ」は、地面反力を使ったスイングの2大要素（加重、抜重）のうち、「加重」に関係するミスですが、抜重の際にもせっかくの反力を逃がしてしまう悪い動きがあります。それが、腰を前に突き出すようにして伸び上がる動作です。アマチュアには、この状態の人がかなり多いようです。原因は、切り返しで下半身への意識がうすいこと、左足を踏み込む「方向」が悪いこと、上体に力が入りすぎていることなどいろいろありますが、いずれにしても、腰が前に出ることで横方向の回転ができなくなってしまいますから、地面反力による「垂直軸回転」が起こらず、地面反力が無駄になってしまいます。

腰が前に出てしまう人は、切り返しの際にお尻を後ろに突き出すようなイメージを持つといいでしょう。小さく「お辞儀」をするように股関節からの前傾が深くなる感覚があれば、腰が前に突き出ることはなくなります。また、お尻を後ろに突き出すと、ひざから下がほぼ垂直な状態（左ひざが前に出ない）で踏み込めるので、跳ね返ってくる力が真っすぐ上向きになり、上手く回転に変換しやすくなります。

腰を前に突き出してしまうと地面反力が腰の回転に変換されない

切り返しでは、尻を後ろに突き出すようなイメージを持つと、股関節の前傾を保ったままダウンスイングできる。腰が伸びて、前に突き出た形になってしまうと（写真）、地面反力が腰の回転（垂直軸回転）に変換されず、また、ヘッドが振り遅れ状態になり、フェースが開いて当たる

「地面反力」が最大になる瞬間はいつ？

ブルックス・ケプカや、レクシー・トンプソンのスイングが「地面反力」を使ったスイングだと説明されると、インパクトで「ジャンプ」することが、地面反力の使い方だと勘違いしてしまう人が多いようです。彼らがインパクトで地面から浮き上がってしまうのは、それ以前に強く地面に働きかけて、強い地面反力を受けた結果です。実際、スイング中に足の裏にかかる圧力を計測してみると、足圧が最大になる（＝地面反力が最大になる）のはダウンスイングの初期段階で、左腕が概ね地面と平行になる地点であることがわかっています。地面からジャンプするには、跳び上がる瞬間ではなく、その前の段階で強く地面を「プッシュ」することが大事なのです。

ダウンスイング→地面反力が大きい

インパクト→地面反力は小さい

PART 4

「地面反力」in depth

（地面反力をもっと深く）

「地面反力」の3つの方向とは

前章で説明した通り、「地面反力」は、自分自身が地面に対して加えた力の分だけ地面から押し返される力のことです。地面反力は、基本的には地面から上方向に向かって垂直に働くものだと考えて差し支えありません（ただし、ある特定の条件下においては、力を加えた方向によって跳ね返る方向が変わる）。その力を使ってスイングをどう動かすか、あるいは、どの方向に力を変換してスイングを加速させるかということが、地面反力を利用したス

“vertical” は、「垂直な」という意味。垂直方向に跳ね返ってくる「地面反力」を、文字通り垂直のまま使い、体を縦に回転させる力に変換する

切り返し直後の左足への踏み込み（加重）と、その後の伸び上がり（抜重）によって、体の左サイドが高くなり、右サイドは反対に低くなる。体が縦回転する形になり、クラブの振り子運動を加速して飛距離を伸ばすことができる

イングの「肝」となります。

　地面反力によって生み出される、スイングの「力」には、大別して、体の縦回転に変換される「バーチカルフォース（Vertical Force）」、横回転に変換される「ホリゾンタルフォース（Horizontal Force）」、それに、横方向の動きに変換される「リニアフォース（Linear Force）」の3つがあります。

これらは、体の使い方によって選択的に使う（自分で選んで使う）ことができ、また、ひとつだけでなく、2つ以上の力を同時に使うことも可能です。

最初に、3つの力がそれぞれどんなものなのか、簡単に説明しておきたいと思います。

地面反力の3つの方向①
バーチカルフォース

切り返し直後に
左足を踏み込む
地面反力が
上半身の縦回転に変換される

地面反力の3つの方向②

ホリゾンタルフォース

“horizontal” は、「水平な」という意味。「地面反力」自体は垂直方向に跳ね返ってくるが、反力を受けながら腰を回転させることで、体の横回転に変換してスイング速度を上げる

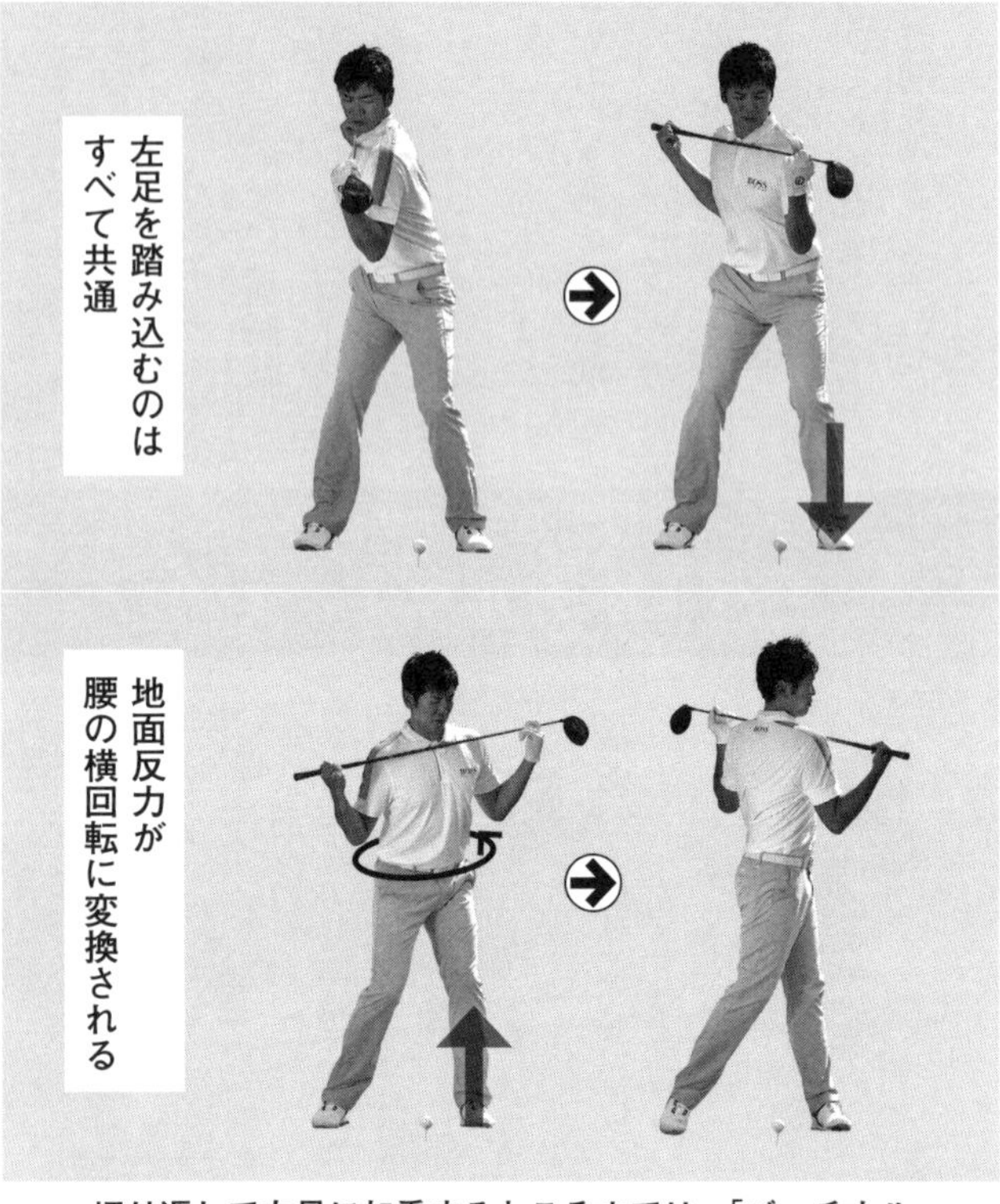

左足を踏み込むのはすべて共通
地面反力が腰の横回転に変換される

切り返しで左足に加重するところまでは、「バーチカルフォース」と同じ。その後の抜重動作のときに、左腰を回転させながら伸び上がることで、「地面反力」を体の回転スピードを上げる原動力として使うことができる

地面反力の3つの方向③
リニアフォース

“Linear”は、「直線状の」という意味。切り返しの際に必要不可欠な腰の目標方向のスライドを、「地面反力」によって増幅し、ヘッドを目標方向に動かす力として使う

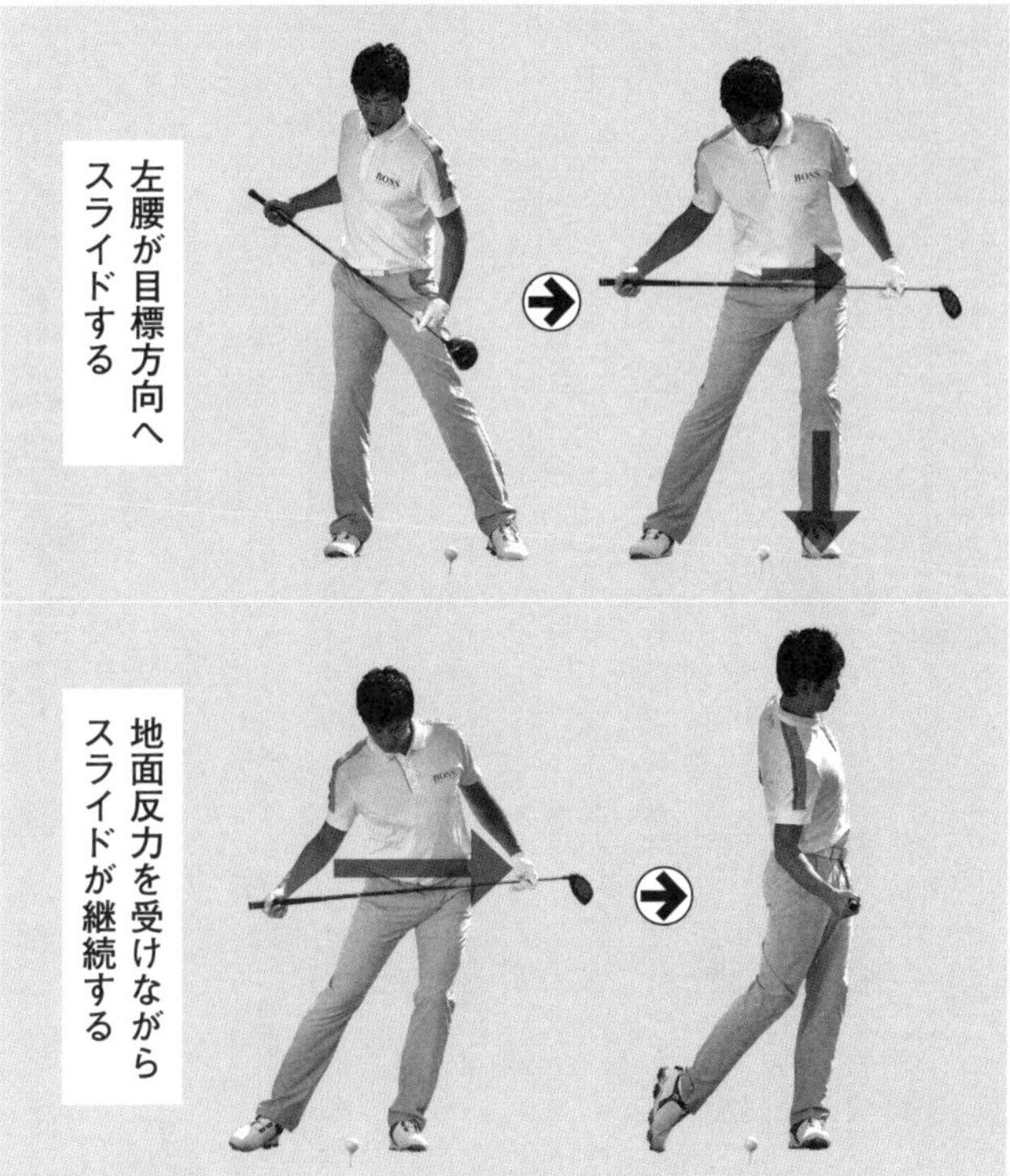
左腰が目標方向へスライドする
地面反力を受けながらスライドが継続する

「地面反力」をスイングの力に利用するには、切り返しで「右足よりも多く」左足に加重する必要がある。そのために必要なのが、左腰の目標方向へのスライドで、この動きを地面反力によって増幅するのが「リニアフォース」

バーチカルフォースの手本①
ジャスティン・トーマス

ここからは、トッププロたちのスイングを例にして、「3つの力」がスイングの中でどのように使われているのか見ていくことにします。まずは、垂直方向に働いて体の縦回転をうながす「バーチカルフォース」ですが、この力を主に利用して飛ばしているプロには、インパクトで地面からジャンプするように、両足を伸ばして打つという共通点があります。

米PGAツアーで平均飛距離が300ヤードを超える、ジャスティン・トーマスもそのひとりです。レクシー・トンプソンやポーラ・クリーマーといった女子プロやジュニアゴルファーには、はっきりと両足を伸ばしてバーチカルフォースを使うプレーヤーが多いのですが、トーマスは、男子プロの中ではもっともわかりやすくこの動きを使って飛ばすプレーヤーのひとりです。下半身が伸び上がっても、上体の前傾角度は深いまま保たれているので、クラブがターゲットラインに沿って「振り子」状に動き、インパクトゾーンが長いのが特徴です。そのため、フェースローテーションは少なめです。足の動きは大きいですが、スイング全体としてはとてもオーソドックスです。

両足を伸ばして地面反力をわかりやすくヘッドスピードに変換している

インパクトの瞬間に、両ひざが伸びるだけでなく、両かかとが浮き上がり、まるでジャンプしているような下半身の使い方をしている。女子プロやジュニアゴルファーにはよくある動きだが、男子プロでここまでわかりやすくジャンプ動作を使うのは珍しい

バーチカルフォースの手本②
ブルックス・ケプカ

世界ランク、ナンバー1プレーヤー（2018シーズン終了時点）のブルックス・ケプカは、J・トーマスほどはっきりした動きではありませんが、やはり両足を伸ばすことにより、体の縦回転を使ってヘッドスピードを稼ぎ出しているプレーヤーです。インパクトの際に、ほとんど腰を開かずに打っている（つまり、地面反力を体の横回転にはあまり使っていない）ことでも、それがわかります。

ケプカのスイングで特徴的なのは、テークバックでフェースをシャットにして（閉じて）使うことです。本来、バーチカルフォースを強く使ってクラブを縦振りに近い軌道で振る場合、テークバックで自然にフェースを開き、ダウンスイングで閉じながら下ろしてくる使い方のほうが相性がいいのですが、ケプカの場合はそうなっていません。シーズン中もハードな筋力トレーニングを継続していることで有名ですが、その強いフィジカルによって他のプロと比べても深い前傾姿勢を保ったまま振れることが、シャットなスイングを可能にしています。フェースがスクエアな時間が長いので、当然、方向性もよくなります。

上体の前傾姿勢が深く
前傾を長く保ってスイングしている

トップからインパクトまで、上体の前傾角度がまったく起き上がらないのは、強いフィジカルの持ち主であるケプカならでは。下半身は強烈に伸び上がっているのに上体の傾きが変わらないので、地面反力が最大効率に近い形で、体の縦回転に変換されている

バーチカルフォースの手本③
ジョーダン・スピース

ジョーダン・スピースにはいわゆる「飛ばし屋」のイメージはありませんが、それでも、2018年度の平均飛距離は「299ヤード」で、ほぼ「300ヤードヒッター」に近い飛ばし技術は持っています。また、地道に飛距離アップに取り組んでいるおかげで、マスターズ、全米オープンとメジャーに2連勝した2015年シーズン（平均飛距離291ヤード）と比べても、飛距離はかなり伸びています。

スピースの場合、テークバックでも右足を伸ばしながら体を縦に回転させ深いトップを作っていて、このことからも、バーチカルフォースを意識していることがわかります。ダウンスイングでは左足を伸ばしながらクラブを加速させていき、最終的に左足裏がめくれるくらい地面反力を使い切ります。一見、フォローで左ひじが引けているようにも見えるスピースのスイングですが、これは、インパクト後にほとんど腕を返さず、ヘッドを真っすぐ振り抜いているためです。スピースは、本来フェースターンがしやすい「ウイークグリップ」で握りながら、この動きを正確に行えるのが非凡なところです。

テークバックとフォローで バランスよく地面反力を使っている

「地面反力」はダウンスイングだけで使うものと思われがちだが、スピースのようにテークバックで右足を伸ばすと（抜重動作）、クラブを上げる動きがスムーズになり、より深いトップを作れる。トップが深くなることで、切り返しからの運動連鎖も起こりやすくなる

ホリゾンタルフォースの手本①
ダスティン・ジョンソン

次に、地面反力を体の横回転に変換してヘッドスピードを上げる「ホリゾンタルフォース」の使い方の例を見ていくことにします。ホリゾンタルフォースを使って飛ばしているプレーヤーの代表格と言えば、やはりダスティン・ジョンソンでしょう。

ジョンソンのインパクトと、「バーチカルフォース」の使い手であるB・ケプカのインパクトを比較すると、腰の回転量がまったく違うことに気づくはずです。ジョンソンのほうが腰が大きく回転していて、地面反力を腰の横回転（垂直軸回転）に変換することで、スイングスピードを上げていることがわかります。地面反力を使って、左腰を鋭く回せば、右腰は勝手についてきます。しかし、ジョンソンの場合は、ダウンスイングの後半、シャフトが地面と平行になるあたりから、右足を「く」の字に曲げるようにして右ひざを左ひざの方向に寄せ、右サイドも「自分で押し込んで」回転速度を上げています。フェースは終始、シャットになっていますが、左腰の回転量が多いので、インパクトでフェースがスクエアになり、持ち球のフェードが打ちやすい形になっています。

ダウンスイングで右ひざを内側に入れ鋭く腰を回転させている

ハーフウェイダウンで右ひざを左ひざに寄せているのは、地面反力を使って左腰を回転させつつ、右腰側からも押し込んで回転を加速させているから。これによって、「ホリゾンタルフォース」が最大限に発揮され、圧倒的な飛距離を生み出す源となっている

ホリゾンタルフォースの手本②
ブライソン・デシャンボー

パート2でも紹介したB・デシャンボーは、腕とクラブをほぼ一直線にして同一平面上で動かすという、シンプルな「1プレーン」スイングを実践しています。そのため、元々のスイングの印象が「横回転」なのが特徴です。「ホリゾンタルフォース」は、地面反力を体の横回転に変換して生まれる力ですので、デシャンボーの横回転のスイングと相性がいいということになります。デビュー当時は、下半身もシンプルに左右に回すだけという印象でしたが、その後、ダウンスイングで左ひざを伸ばす動きを意図的に採り入れて、より強く「ホリゾンタルフォース」を発生させることで、飛距離アップを果たしました。その代償として、自慢の「1プレーン」も上下に動きやすくなってしまったのですが、それでも頭の位置の変化を最小限にとどめて、スイングのシンプルさはキープしています。デシャンボーは、腕とクラブを一直線にして構えるために、グリップは手のひらで握る「パームグリップ」で、なおかつ「ウイークグリップ」になっています。フェースのローテーションは、左肩を支点にして、両前腕を使って行っています。

頭の位置を「変えたくない」ので横回転要素が強くなる

デシャンボーのスイングのベースは、『ザ・ゴルフィングマシーン』という書籍の中に出てくる体の垂直回転（横回転）と、肩を使った腕の上下動以外はほぼ使わない「マシーン」の概念模型。模型は頭の位置が不動なので、デシャンボーもその点は強く意識している

ホリゾンタルフォースの手本③
ザック・ジョンソン

2007年のマスターズ、2015年の全英オープンと、メジャー2勝を挙げているザック・ジョンソンも、「ホリゾンタルフォース」を使って飛ばしているプレーヤーのひとりです。ジョンソンのスイングで特徴的なのは、トップでやや左足に重心がかかり、そこからずっと左足の上で回転していることです。このことによって、左足への加重の際の左腰のスライド量が他のプロに比べて多めなのですが、ダウンスイングの後半で、曲がっている左ひざを一気に伸ばし、腰を鋭く回転させて打っています。

左手のグリップが「超ストロング」であることに加え、左足重心で踏み込み時間が長いので、クラブ軌道はインサイドアウトにならざるを得ず、基本的には「ドローしか出ない」スイングとなっています。インパクトで腰の回転より速くヘッドが走ってしまうと引っかけるため、フィニッシュまで振り抜くというよりは、フォローまでは一生懸命振って、あとは惰性でフィニッシュに向かうという印象のスイングで、同じホリゾンタルフォースを使うD・ジョンソンとも、B・デシャンボーとも異なるスイングタイプと言えます。

「左1軸」要素もプラスしつつ横回転でイン・アウトに振り抜く

トップの時点ですでに左足に重心が移っていて、2009年頃にプロツアーで流行した「スタック＆チルト理論」の動きに似ている。切り返し以前から左足に加重することになるので、加重時間が長く、それを一気に抜重することでクラブを加速させている

「リニアフォース」は他の2つとあわせて使う

地面反力によって発生する方向の異なる3つの力のうち、体を真っすぐ、目標方向にスライドさせる「リニアフォース」は、他の2つと違って、「使えば使うほどいい」というものではありません。切り返しで左足への踏み込みと同時に、腰が目標方向にスライドする動きは、「ラテラルヒップムーブメント（Lateral hip movement）」、または「バンプ（Bump）」と呼ばれ、ダウンスイングの運動連鎖の中では必要不可欠な動きです。

1992年のマスターズチャンピオン、フレッド・カプルスや、1996年に全英オープンを制したトム・レーマンなど、かつてはこの「リニアフォース」を強く使ってスイングするプレーヤーがいましたが、現在はほとんど見られなくなりました。その理由は、この動きをあまり強調しすぎてしまうと、ヘッドを直線的に動かす力は増大しますが、体の回転は止まりがちになるということ、また、スイングのバランスが崩れやすくなること、などです。したがって、リニアフォースは、単独で使うというよりバーチカルフォース、ホリゾンタルフォースと一緒に、補助的に使うという意識を持っておけばいいでしょう。

飛距離の出るプレーヤーは縦回転と横回転をミックスするのが上手い

「バーチカルフォース」や、「ホリゾンタルフォース」は、それだけを100%使ってスイングするのではなく、両者を程よくミックスさせて使う。ミックスの仕方が上手い人ほど、地面反力を「使い切る」ことができ、より飛距離を伸ばせる可能性が高まる（写真はD・ジョンソン）

自分のスイングに合った「地面反力」の方向を決める

ブルックス・ケプカのような「バーチカルフォース」のスイングを目指すか、それとも、ダスティン・ジョンソンのような、「ホリゾンタルフォース」のスイングを目指すかというのは、実際に地面反力を使ったスイングにトライする際に、非常に重要な問題となります。なぜかというと、誰でも元々持っている自分自身が「振りやすい」と感じるスイング型があるので、そのスイング型と相性のよくない地面反力の使い方を採り入れても、なかなか上手くいかないからです。それどころか、自分に合った地面反力の使い方を選ばないと、スイング効率がむしろ下がってしまうことも考えられます。

どちらを選べばいいか見極めるポイントは、「アームローテーション」と「腰の回転量」の2つです。簡単に言うと、アームローテーションの多い人と腰の回転量が少ない人は「バーチカルフォース」、アームローテーションが少ない人と腰の回転量が多い人は「ホリゾンタルフォース」が合っています。また、アームローテーションと腰の回転量、どちらを重視するかは人によって変わってきます。

アームローテーションの大きさと腰の回転量によってタイプが分かれる

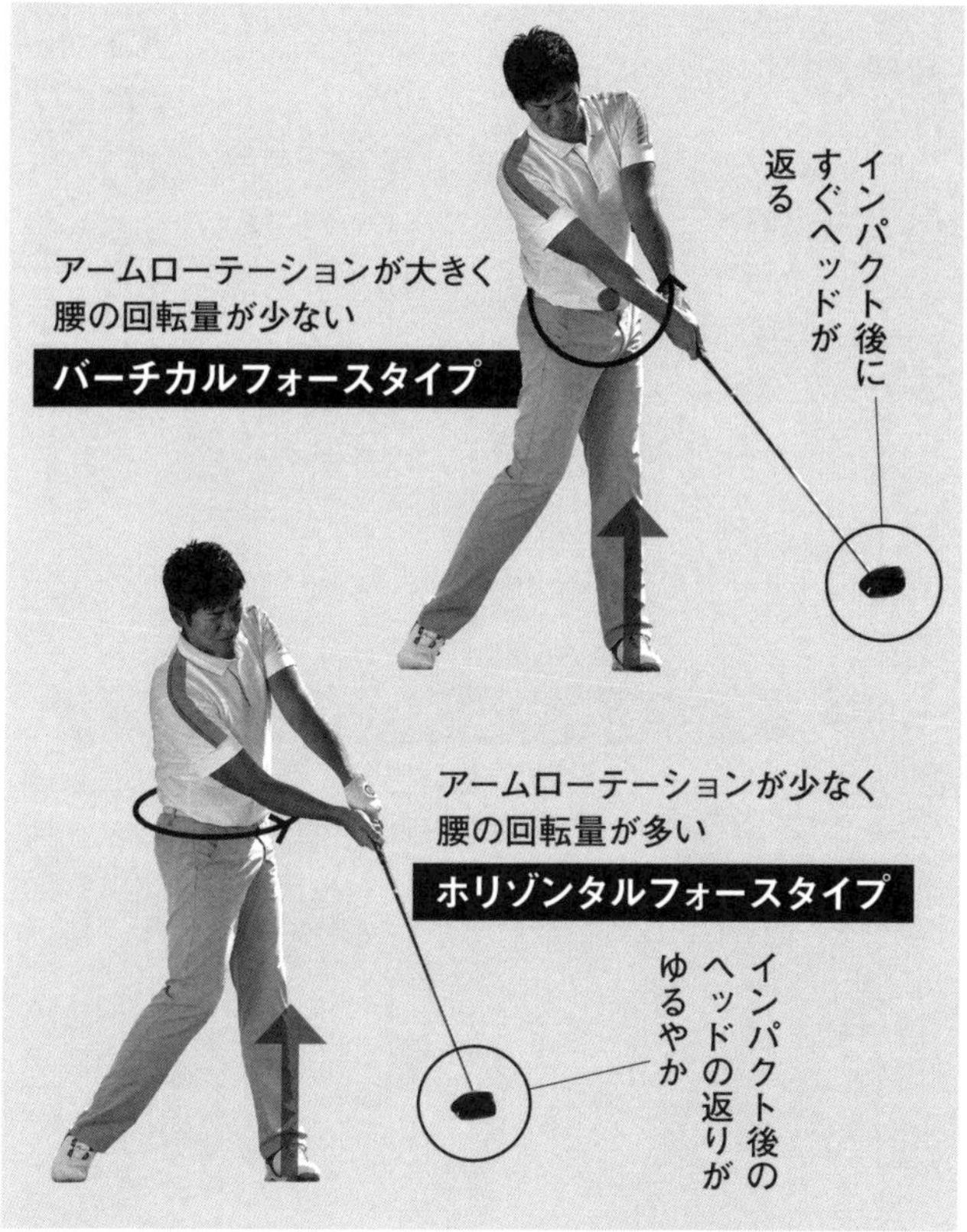

インパクト後にすぐヘッドが返る
アームローテーションが大きく
腰の回転量が少ない
バーチカルフォースタイプ
アームローテーションが少なく
腰の回転量が多い
ホリゾンタルフォースタイプ
インパクト後のヘッドの返りがゆるやか

腰の回転を止めて腕を振るタイプは、体の縦回転でクラブを加速しているので、「バーチカルフォース」を利用するほうが合っている。これに対して、腰の回転が大きく、体と腕が一体になって回るタイプは、「ホリゾンタルフォース」を利用するほうが理にかなっている

「地面反力」のタイプテスト①

右手の使い方

自分に合った地面反力の使い方を見極めるためのチェック方法を2つ紹介します。最初は「アームローテーション」に関するチェックです。

クラブを持たずにアドレスの姿勢をとり、グリップの位置で両手のひらを合わせます。両手を合わせたまま、テークバックの要領で手を体の真横（通常ならシャフトが地面と平行になる地点）に上げます。そのとき、右手のひらが上（空の方向）を向く人ほど、アームローテーションが多いスイングということです。

type A
右手が左手の上になる
右手だけだと
手のひらが正面を向く
両手のひらを合わせた状態でテークバックの動きをしたときに、無意識に「フェースを閉じる」方向に腕を回すタイプは、「ホリゾンタルフォース」と相性がいい
何も考えず上げて
両手の向きを確認

Check 1

クラブを持たず両手のひらを合わせてテークバックしてみる

type B どちらの手も上下にならない

右手だけだと手のひらが正面を向く

テークバックの際、腕をねじらずにフェースがスクエアな上体を保つタイプは、「バーチカルフォース」「ホリゾンタルフォース」のどちらも使いやすい

type C 左手が右手の上になる

右手だけだと手のひらが上を向く

右手のひらが上に向く人は、テークバックでフェースを開く方向に腕をローテーションさせるタイプ。このタイプは「バーチカルフォース」との相性がいい

※マイク・アダムスとE.A.ティシュラーによる「バイオスイングダイナミクス」におけるテスト

「地面反力」のタイプテスト②

腰の使い方

２つ目のチェックは、腰の回転量に関するものです。

例えば、体の正面に柱状のものが立っていて、それを手で真横から叩こうとしたときに、腰がどうなっているかを確認します。腰を大きく回して叩く人は、スイングでも腰の回転量が多いタイプ、逆に、腰をほとんど回さずに手を大きく動かして叩く人は、スイングも腰の回転量が少ないタイプの可能性が高いです。

横から叩いてみる

type A　腰を大きく回して叩く

体の正面にあるものを真横から叩くとき、腰を大きく回して叩くタイプは、「ホリゾンタルフォース」との相性がいい

Check 2

柱のようなものを真

type C 腰をほとんど回さずに叩く

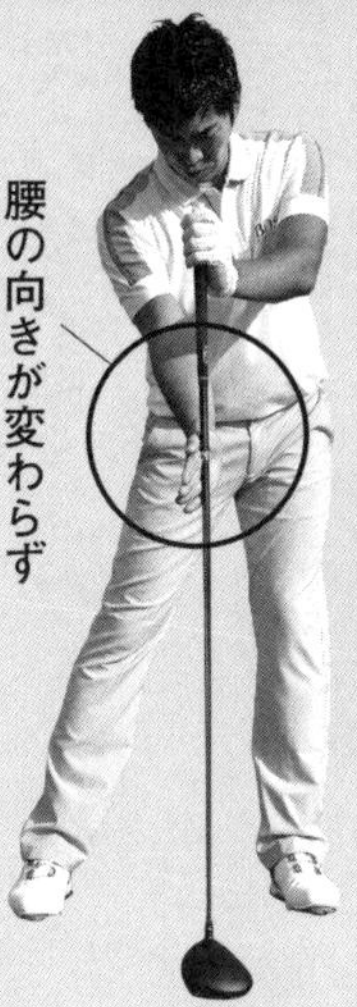

腰の向きが変わらず手が大きく動く

腰の回転が少なく、どちらかというと手の動きをメインにして叩くタイプは、「バーチカルタイプ」と相性がいい

type B 腰をある程度回して叩く

腰をある程度回しつつ、手もそれなりに使って叩く「中間タイプ」は、使う「地面反力」の方向を自分で選べる

インパクトでの腰の回転角度は平均30度くらい

腰の回転量が多い「ホリゾンタルタイプ」は当然として、腰の回転量が少ない「バーチカルタイプ」であっても、上体より腰のほうが必ず先行して回転している。全タイプの腰の回転角度平均は30度ほど

※マイク・アダムスとE.A.ティシュラーによる「バイオスイングダイナミクス」におけるテスト

3方向の力とリリースのタイミング

地面反力を縦に使い、クラブの動きが「縦振り」に近づくほど、リリースのタイミングは早くなる

もし、自分のスイングを動画で撮影する機会があれば、チェックしておいてほしいのが、クラブをリリースするタイミングです。

リリースが早い人は、クラブを振り子のように縦の回転で動かす傾向が強く、「バーチカルフォース」が合います。タメが強く、リリースが遅めの人は、クラブを体の回転で横に振る傾向が強いので、「ホリゾンタルフォース」が合うと言えるでしょう。

フェースローテーションが適度

☞ リリースのタイミングも普通

地面反力を縦回転で使うほどクラブは「縦振り」になり、横回転で使うほど「横振り」になる。その中間的な動きだと、リリースは早くも遅くもなく、「普通」のタイミングになる

インパクトに合わせてタイミングよくリリースされる

フェースローテーションが少ない

☞ タメをキープする時間が長い

体の横回転要素が強いほど、ヘッドが遅れて下りてくる形になり、リリースのタイミングは遅くなる。インパクトでは、ややハンドファーストの形でボールに当たる

インパクトではまだリリースが完了していない

右手の握り方がリリースタイミングを決める

自分のスイングを動画で撮影して、リリースのタイミングが早いのか、遅いのかを見極めることは、自分に合った「地面反力」の使い方を選択する上で非常に重要です。しかし、動画を撮影するまでもなく、グリップを見ればリリースが早いタイプか、遅いタイプかがある程度わかります。注目するのは、右手のグリップです。

右手のグリップを上からかぶせるように握る「ウイークグリップ」の人は、リリースのタイミングが早くなる傾向があります。反対に、右手のグリップを下からあてがうように握る「ストロンググリップ」（または、「フックグリップ」）の人は、リリースのタイミングが遅くなります。このグリップとリリースタイミングの相関関係は、「自然に振ればそうなる」という性質のものです。試しに右手のグリップの握り方を変えて、クラブを振ってみてください。右手をウイークに握るほど、リリースが早くなり（逆に言うと、タメを作るのが難しくなり）、フェースローテーションを強く使う振り方になる（ストロングだとフェースローテーションも少なくなる）のがわかると思います。

右手をストロングに握るほどリリースのタイミングは遅くなる

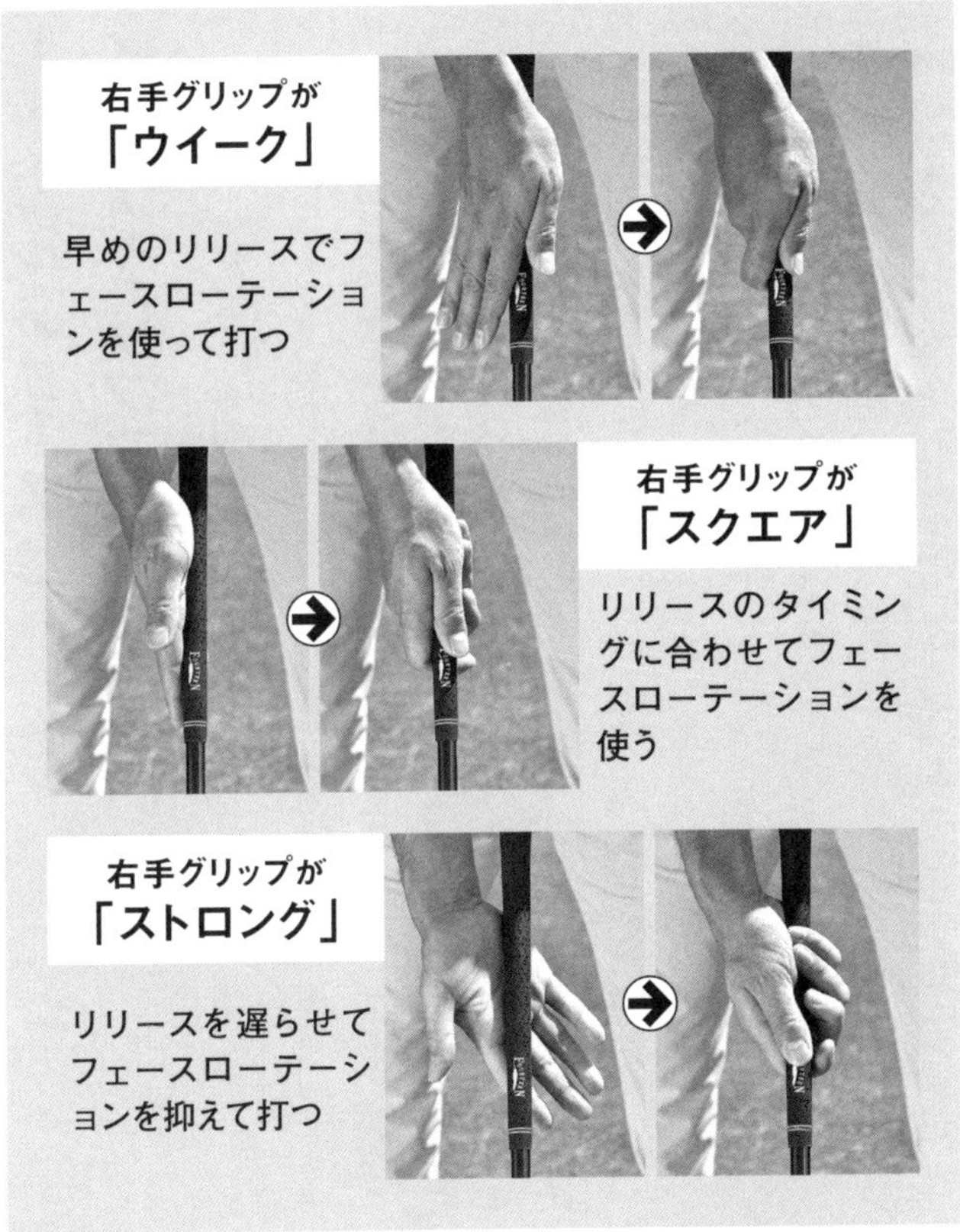

右手グリップが「ウイーク」
早めのリリースでフェースローテーションを使って打つ
右手グリップが「スクエア」
リリースのタイミングに合わせてフェースローテーションを使う
右手グリップが「ストロング」
リリースを遅らせてフェースローテーションを抑えて打つ

リリースのタイミングと右手のグリップは、密接な関連がある。スムーズなリリースでフェースを返しながら打つには、右手グリップを「ウイーク」に握るのがよく、フェースの向きをなるべく保持して体の回転で打つなら「ストロング」に握るほうがいい

バーチカルフォースはウイークグリップと相性がいい

前項で述べたように、右手のグリップとリリースのタイミングには一定の相関関係があります。そして、リリースのタイミングは「地面反力」の3つの方向とも密接な関係があります。地面から跳ね返ってくる力を体の縦回転に変換してクラブを加速させる「バーチカルフォース」の場合、クラブ自体が「振り子」のように縦に動く傾向が強いので、重力によってヘッドが「落ちやすく」、必然的にリリースのタイミングは早くなります。

つまり、「バーチカルフォース」を使ってスイングしようとするのであれば、右手はリリースが早くなりやすい「ウイークグリップ」で握るのが、理にかなっているということになります。実際、「バーチカルフォース」を強く使ってスイングするジャスティン・トーマスやレクシー・トンプソンなどは、右手のグリップがウイークになっています。「リリースが早い」というのは、レッスンの世界では「やってはいけない動き」のひとつになっていたりしますが、あくまでも相対的な問題で、ストロンググリップの人に比べると「早い」ということです。もちろん、「早すぎる」のはよくありません。

上体が縦回転するのに合わせて クラブを「振り子」状に動かす

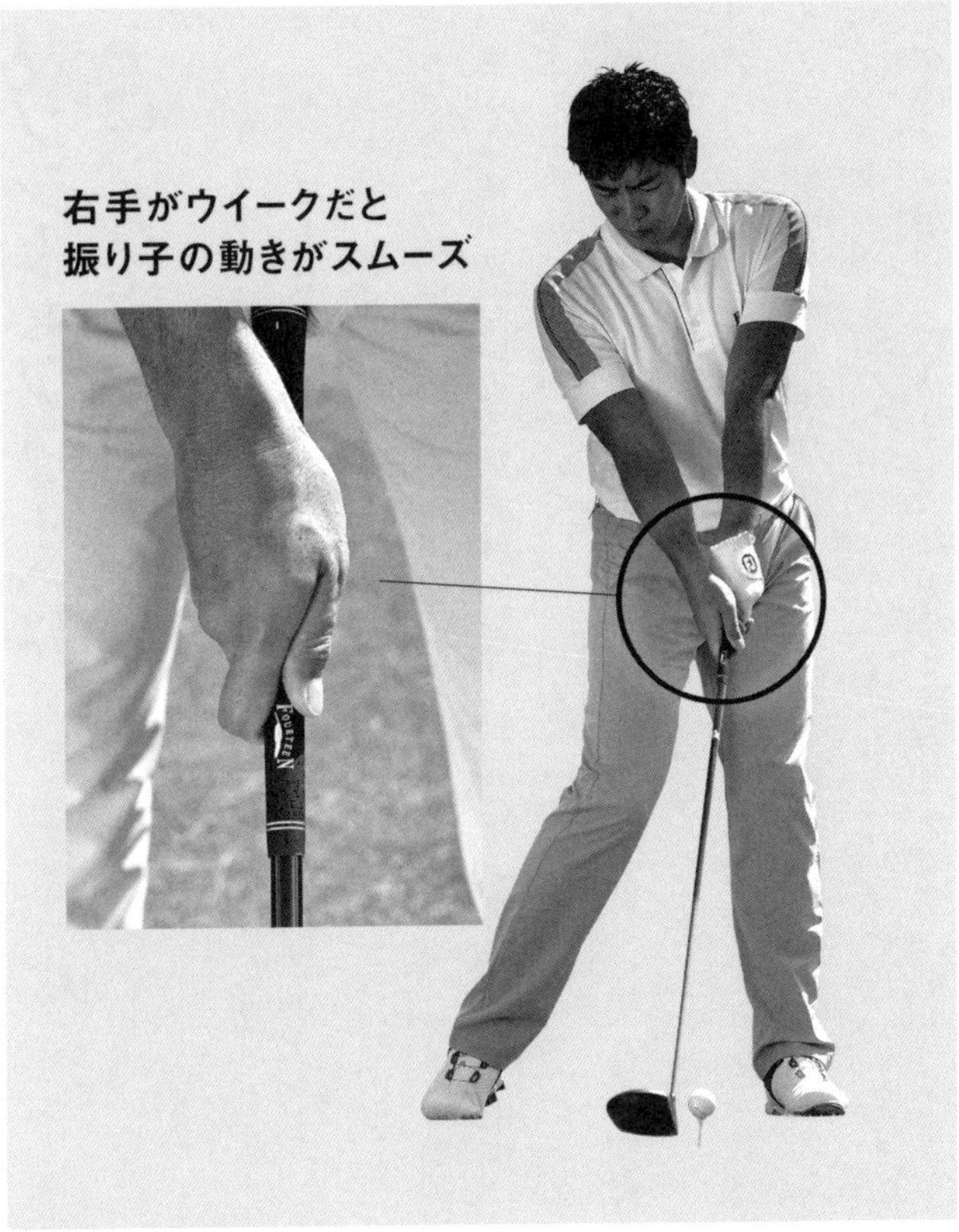
右手がウイークだと
振り子の動きがスムーズ

右手のグリップが「ウイーク」だと、テークバックでフェースを開く方向に腕をローテーションさせやすく、ダウンスイングでは逆に、フェースを閉じる方向に腕を回しながらリリースしやすい。「バーチカルフォース」によるクラブの「縦振り」の動きと相性がいい

ホリゾンタルフォースはストロンググリップと相性がいい

「ホリゾンタルフォース」は、左右の足裏で回転のトルクを発生させ、体の横回転を使ってスイングスピードを加速します。「ホリゾンタルフォース」を使ったスイングがイメージしづらい人は、野球のバッターのスイングを想像するといいかもしれません。野球の場合、ゴルフとは違ってバットを水平に近い角度で振るので、ミートの瞬間に腰が大きく開いています（地面反力による垂直軸回転＝「ホリゾンタルフォース」）。その際、ボールに当たるまで手首には角度がついていて、ゴルフでいうとダウンスイングの「タメが深い」状態になっています。つまり、「ホリゾンタルフォース」は、体の回転が腕の振りより先行するため、必然的にリリースのタイミングは遅くなるということです。ということは、右手のグリップは、「ストロンググリップ」で握るのが理にかなっていると言えます。ダスティン・ジョンソンは、「ホリゾンタルフォース」を使って飛ばすプレーヤーの代表格ですが、インパクトでややハンドファーストになっていることからもわかるように、ダウンスイングのタメが強く、リリースはかなり遅めになっています。

腰を積極的に横回転することでフェースが勝手に閉じてくれる

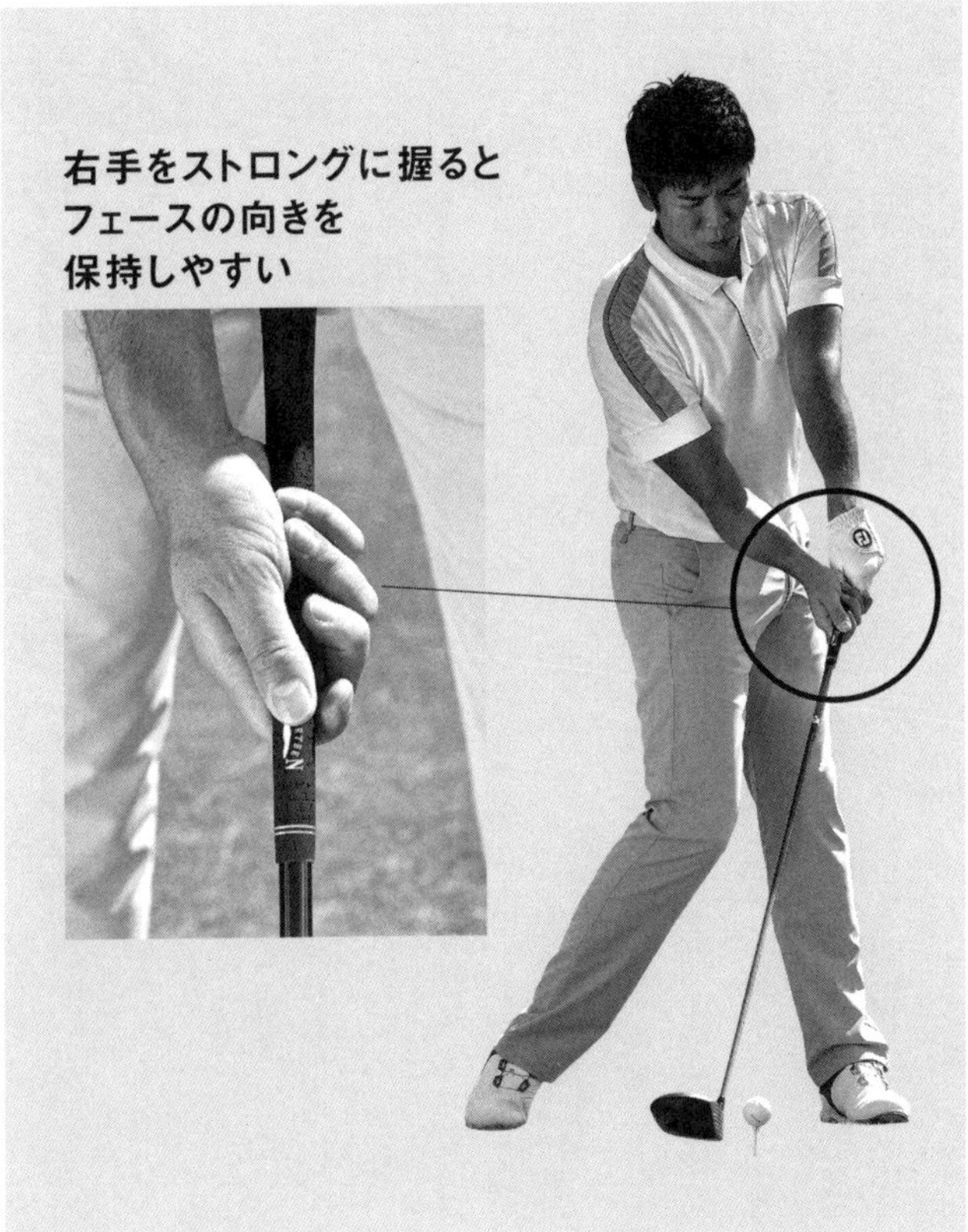

右手のグリップが「ストロング」だと、テークバック、ダウンスイングの両方でフェースの向きを保持したまま振りやすい。手を返す動きは使いづらいが、代わりに体を回すことでフェースを閉じることができる「ホリゾンタルフォース」の体の動きと相性がいい

右手がウイークグリップの人が気をつけるべきこと

右手のグリップとリリースのタイミングに相関関係があり、「地面反力」の方向とリリースのタイミング、つまり右手のグリップの握り方には、相性のよしあしがあることがわかってもらえたと思います。今度は逆に右手の握り方を基準にして、どういうスイングをすれば「地面反力」をより効率的に使えるか、そのポイントを説明していきましょう。

まず、右手が「ウイークグリップ」の人の場合です。ウイークグリップは、リリースの動きがしやすいのと同時に、腕（ヘッド）を返しやすいというのが特徴です。そこで、やってしまいがちなミスは、右手の手首だけを使ってヘッドを急激に返してしまうこと（フリップ）です。アームローテーションは、あくまでも「運動連鎖」の結果として腕が振られる際に自然に起こる動きですので、先に手首を使ってしまうと、下半身から「地面反力」が伝わってくる前にクラブを振ってしまうことになります。また、ダウンスイングでタメを強くしようとすると、自然なアームローテーションを阻害して、かえってスイングスピードを遅くしてしまうのでよくありません。

ヘッドが振られることで受動的に手首が返る

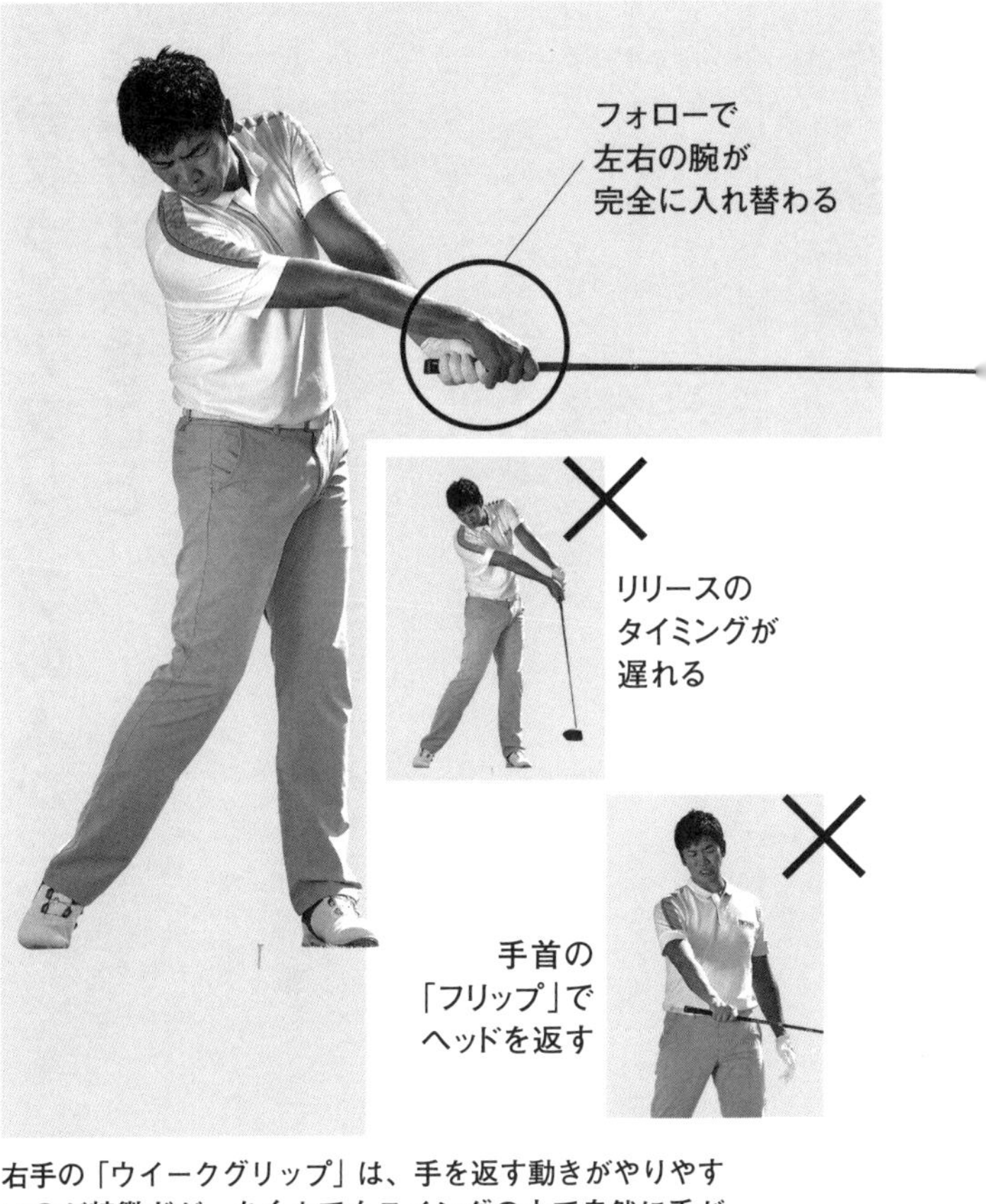
フォローで
左右の腕が
完全に入れ替わる
×
リリースの
タイミングが
遅れる
×
手首の
「フリップ」で
ヘッドを返す

右手の「ウイークグリップ」は、手を返す動きがやりやすいのが特徴だが、あくまでもスイングの中で自然に手が「返る」のが理想。手首を使って強引に返そうとすると、下半身からの運動連鎖が上手く働かなくなる。また、タメを強くするスイングとは相性が悪い

右手がスクエアグリップの人が気をつけるべきこと

「バーチカルフォース」が体の縦回転の力、「ホリゾンタルフォース」が体の横回転の力だとして、現実的にはどちらか一方を「10」、もう一方を「0」で振ることはできません。必ずどちらの力もミックスして使うことにはなるのですが、右手が「ウイークグリップ」の人は、「バーチカルフォース」と相性がいいので、必然的に「バーチカルフォース」の割合が多くなり、右手が「ストロンググリップ」の人は「ホリゾンタルフォース」との相性がいいので、そちらの割合が多くなるということです。

では、右手を「スクエアグリップ」で握る人はどうでしょうか。単純に考えれば、「バーチカルフォース」と「ホリゾンタルフォース」をちょうど「5対5」の割合で使ってスイングするのがいい、ということになります。実際は、自分がより使いやすい力の割合が多くなるのが自然で、その際、どちらにも対応できるというのが「スクエアグリップ」の強みです。ただし、力の方向と相性の悪い腕の使い方（「バーチカルフォース」と「タメを強くする動き」など）にならないように、意識することが必要となります。

体の回転と腕の振りをシンクロさせゆるやかにヘッドを返す

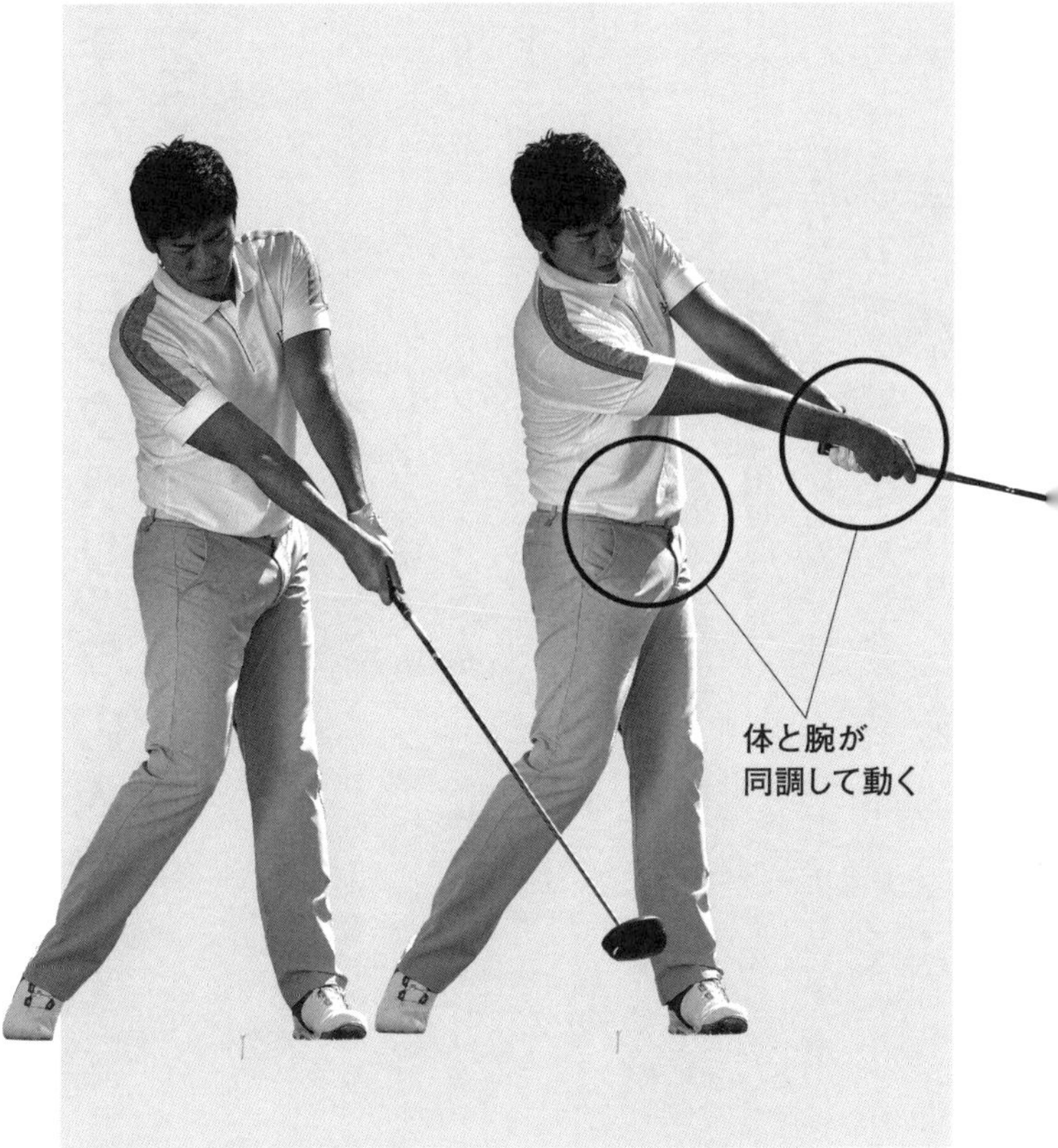

右手グリップがスクエアの場合は、体の回転と腕の振り(ローテーション)が同調しやすく、いちばん自然なリリースタイミングで打てる。また、縦回転要素を強くしたい場合、横回転要素を強くしたい場合のどちらにも無理なく対応できる

右手がストロンググリップの人が気をつけるべきこと

最後に、右手が「ストロンググリップ」の人の注意点です。右手をストロンググリップにしたとき、左手が「ウイークグリップ」になっていると、非常にクラブを振りにくい握り方になってしまうので、左手もある程度、ストロンググに握る必要があります。そうすると、左右ともにストロンググリップとなりますが、この時点でアームローテーションはかなり抑えられるということを頭に入れておいてください。

アームローテーションしづらいということは、テークバックではフェースがシャットのまま上がりやすく、ダウンスイングでは逆に、自分でフェースを開きながら下ろすような形になります。体の回転量が多い「ホリゾンタルフォース」と相性がいいというのは、そういう理由もあります。リリースは相対的に遅めになるので、タメを深くする意識は必要がなく、そのときに右ひじを強く体に引きつけて、「絞る」ようにするのはとくに避けたほうがいいでしょう。右ひじを絞ることで、元々遅れて下りてくるヘッドがさらに遅れる形になり、フェースが開いたまま完全にリリースが間に合わなくなってしまうからです。

インパクトでは腰の回転でフェースを閉じる感覚で打つ

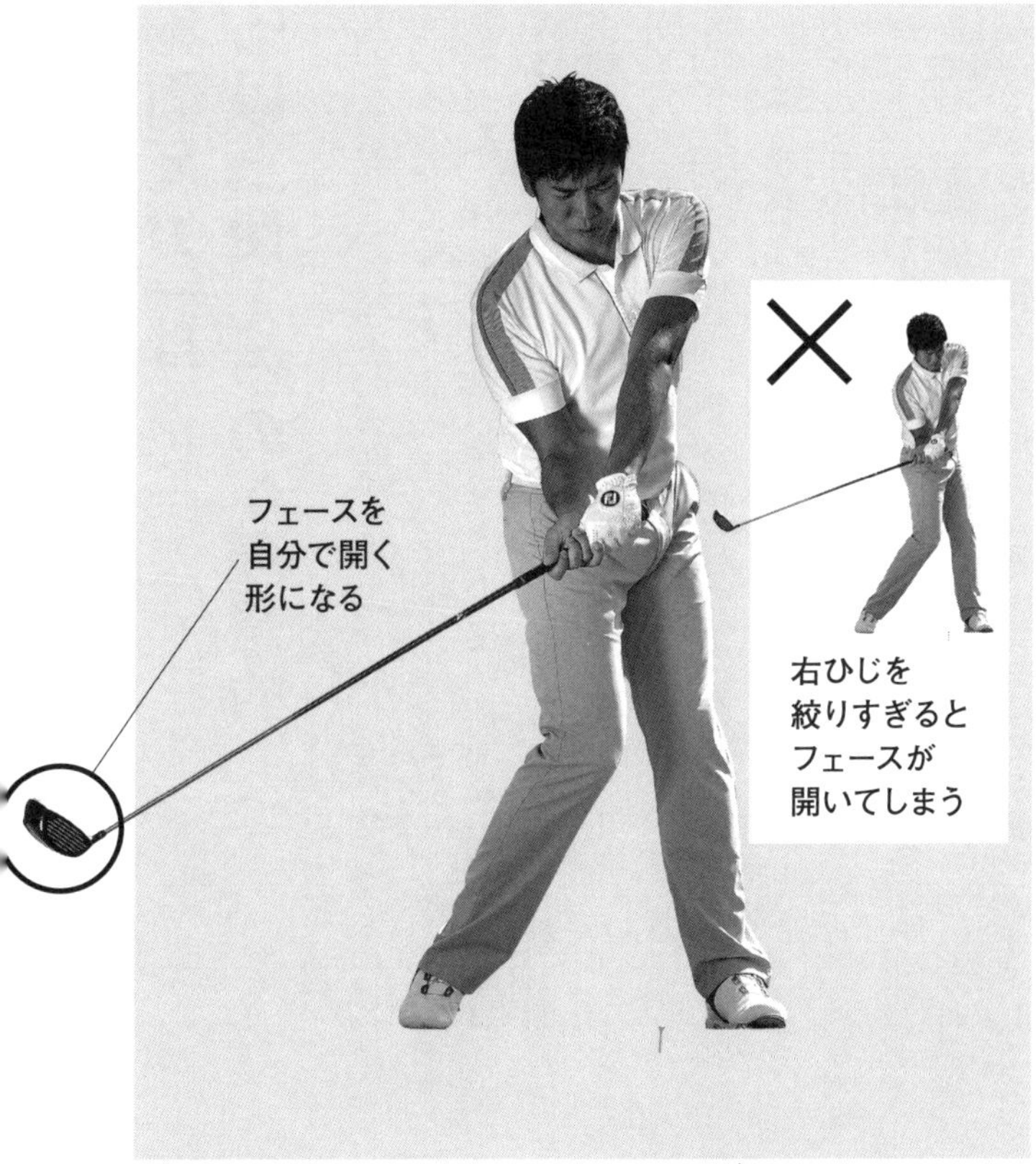
フェースを
自分で開く
形になる
×
右ひじを
絞りすぎると
フェースが
開いてしまう

右手グリップが「ストロング」だと、手を返してフェースを閉じる動きはしづらいので、体の回転量を多くしないとインパクトでフェースがスクエアな状態まで戻りにくい。ダウンスイングで右ひじを絞ると、フェースがさらに開くので、インパクトに間に合わなくなる

「地面反力」は2つ以上使えるのが理想的

「地面反力」を使う概念がまったくなかった人に、ほんの少しの時間「地面反力」の使い方についてレクチャーすると、振り方ががらりと変わって、ヘッドスピードが一気に3〜5m／秒も上がることはざらにあります。一度「地面反力」を使うコツがわかると、それを反復することでどんどん使い方が洗練され、無駄なく、より効率的にスイングできるようになっていきます。例えば、最初は「バーチカルフォース」だけしか意識して使うことができなかったとしても、慣れてくるとそれに「リニアフォース」や「ホリゾンタルフォース」の要素も少しずつミックスすることができ、さらにヘッドスピードを上げることができるようになるはずです。

「地面反力」の3つの力は、どれかひとつだけでなく、2つ以上ミックスして使うのが効果的です。トッププロの場合、3つの力をすべてミックスして飛ばしているケースも少なくありません。まずは、自分にいちばん適した「地面反力」の方向を選び、それが使えるようになってきたら、徐々に他の力もミックスする練習にトライしてみてください。

実際のスイングの動きは3方向の地面反力が混じった「3D」

横回転要素が強いD・ジョンソンだがきちんと縦回転要素も使っている

ジャンプする動きでクラブを縦振りに加速させても、そこからずっと縦に振り続けることはできない。同じように、いくら横回転要素を強く使っても、クラブが「斜め」の傾きを持って動く以上、縦回転要素も含んだ3次元（3D）的なスイングになるのは当然のこと

Tiger Woods

タイガー・ウッズ

タイガーは、１９９６年のデビュー時から左足を強く伸ばして打っていましたが、それが左ひざのケガの原因にもなりました。ケガから復活した後のタイガーは、元々持っている伸び上がり（抜重）動作の鋭さはキープしつつ、左右への動き、回転の動きを上手くミックスさせて、体への負担を減らしています。

複数のフォースを使いこなすトッププロたち①

地面から強く跳ね返る動きを
滑らかな回転運動に変換している

コーチのクリス・コモの指導によって、左足だけを酷使するようなスイングから、左右バランスがよく、体への負担が少ないスイングに変更したことで、強いタイガーが戻ってきた

Rory McIlroy

ローリー・マキロイ

マキロイは、世界でもっとも飛距離の出るプロのひとりですが、その源は強烈な踏み込み（加重）によって得られる「地面反力」を、無駄なく「バーチカルフォース」「ホリゾンタルフォース」の両方に変換しているところにあります。それでいて、運動連鎖がスムーズなので、まるで軽く打っているように見えます。

複数のフォースを使いこなす
トッププロたち②

抜群の脚力で上体の鋭い動きを
コントロールしている

テークバックで強く上体をねじっても、下半身が微動だにせず、スムーズに切り返し動作に移行している。左足への加重はかなり強いが、動きが自然なのでそこまで力感を感じない

左足への加重は「3D」が理想的

　切り返しで左足に加重する際、地面に対して真っすぐ真下に踏み込むだけでは実は不十分です。真下方向への加重は垂直方向に跳ね返る地面反力を生み出し、体を縦回転させる「前後軸」回転の原動力となります。それに加えて、左足つま先方向に加重すると、地面反力は左足かかと方向に跳ね返ってくるため、体が横回転する「垂直軸」回転に必要なトルクを生み出すことができます。さらに、左足の外側（目標方向）に加重すると、地面反力は左足の内側に跳ね返ることになり、体の左サイドが外側に流れるのを防ぎ、いわゆる「左の壁」を形成します。つまり、左足への加重は、3方向同時に行うと、もっとも効率的に地面反力を生かすことができるというわけです。

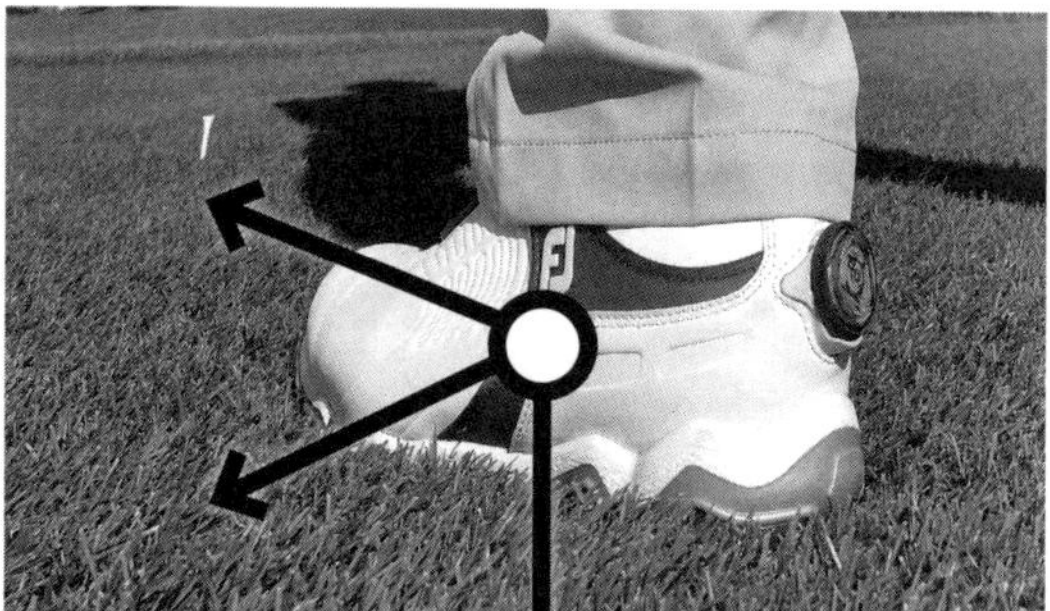

PART 5

「地面反力」完全習得ドリル

DRILL 1
踏み込みのドリル

切り返しで左に踏み込む「形」を脳に記憶させせよう

左足に確実に体重をかけ、両ひざを曲げて下半身を沈み込ませる。踏み込み動作を体に覚えさせせる

地面反力を受けるには、まず、自分から地面に対して働きかける「加重」動作が必要です。つまり、切り返しにおける左足への「踏み込み」ですが、これをスイングの中の一瞬で行うには、動作を「形」として脳にインプットすることが大事です。

そこで、トップからゆっくりと、左足に体重をかけて切り返す動きを繰り返してみましょう。これは、ジャスティン・ローズがショット

尻を後ろに引くようにして ひざを出さずに沈み込む

ひざが前に出ると、地面反力を受けたときに体が前に跳ね返る。尻を後ろに引くと、ひざが前に出ない

前にルーティーンとして行う動きでもあります。左足に多く体重をかけつつ、両ひざを曲げて、スクワットをするようなイメージで下半身を沈めます。このとき、ひざを前に出さずに、お尻を後ろに引くように沈むのがコツです。

DRILL 2
左足の抜重ドリル

「地面反力」で左足が跳ね返ってくる感覚をつかもう

地面反力を使うには、左足を踏み込む（加重）だけではダメで、その後に続く「伸び上がり」（抜重）が重要です。

切り返しでしっかりと左足を踏み込んだら、すぐに左足を伸ばし、地面からの跳ね返りを感じながら「弾む」ようにしてクラブを振ってみましょう。このドリルで、「抜重」の感覚が身につきます。ヘッドがインパクト位置を過ぎるときに、地面から左足が完全に浮いているくらいがちょうどいいタイミ

踏み込んだらすぐに左ひざを伸ばし、地面からの跳ね返りを感じてクラブを振る。フォローでは左足を完全に浮かせる

ングです。バッバ・ワトソンのスイングを思い浮かべるといいかもしれません。思ったよりも早いタイミングで弾む必要があるのがわかると思います。

加重し続けると反力を受けられない

インパクト付近まで踏み込み続けてしまうと、抜重のタイミングを逃してしまい、地面反力をヘッドスピードに変えられない

DRILL 3

右足の抜重ドリル

フォローで右足を上げて回転のスピードを落とさず振ろう

左足と同様に、右足もずっと踏ん張り続けてしまうと、フォロー側の回転スピードを抑制してしまいます。

通常のスピードでスイングし、ヘッドがインパクトを過ぎたら右足を上げ始め、左足1本で立つような形でフィニッシュまで振り抜いてみてください。チェ・ホソンがお手本です。右足を「抜重」することでインパクト後の体の回転にブレーキがかからず、最後まで

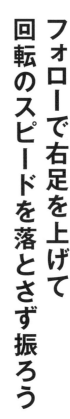

ダウンスイングの勢いを保ったまま振り切る

インパクトでは右足の踏ん張りが必要だが、すぐに抜重しないと、回転速度が遅くなる

ひざを前に出すのではなく足自体を持ち上げる

右足が持ち上がらずに、かかとだけが上がって、ひざが前に出るのは、「抜重」しきれていない証拠

スピードが落ちずに振れるのがわかると思います。右足が上げられないのは、右足に体重を残して踏ん張りすぎている証拠です。

スイング中の腰の回転感覚をしっかり体に覚え込ませよう

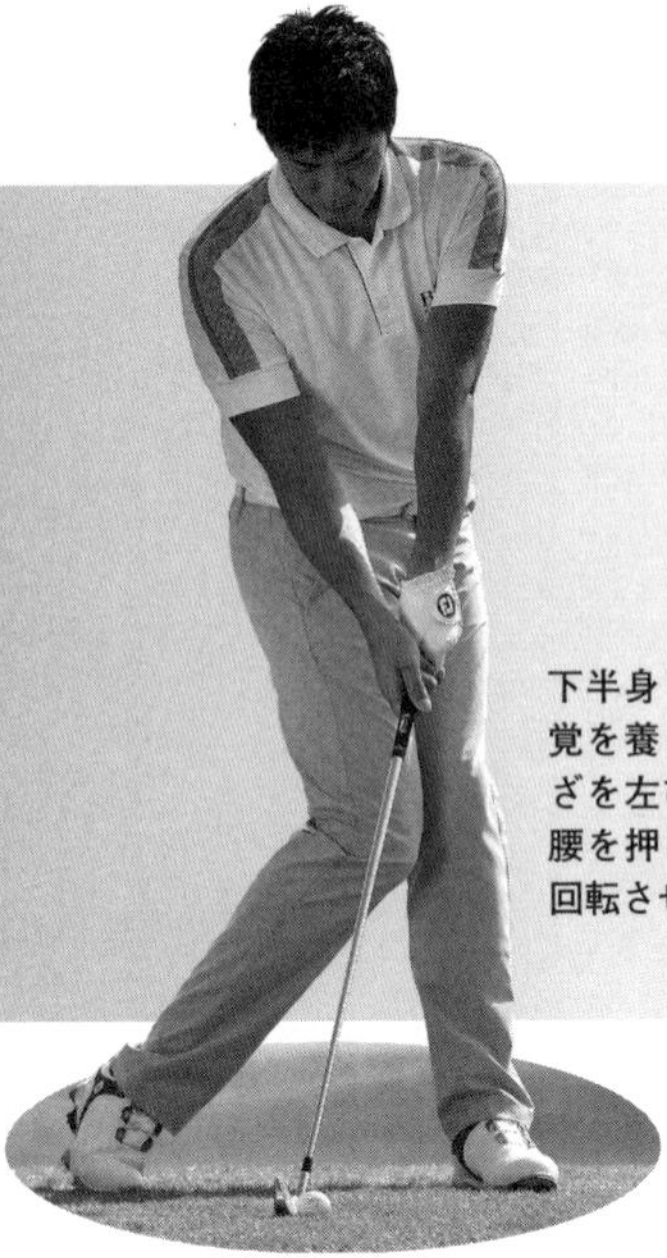

下半身（腰）を回す感覚を養うドリル。右ひざを左ひざに寄せ、右腰を押し込む形で腰を回転させる

このドリルは、主に「ホリゾンタルフォース」による腰の回転を強化するためのものです。

やり方としては、ダウンスイングで右ひざを曲げながら左ひざに寄せていき、腰を目いっぱい回して、上半身との「ツイスト」状態を作ります。先に左腰を回して、さらに右腰を押し込むことで、腰を最後まで「回し切る」感覚です。ちょうど、ダスティン・ジョンソンのダウンスイングと、同じよ

下半身を回して上半身とツイストさせる

左足を伸ばすと左腰がスムーズに回転する

左ひざを曲げたままだと腰の回転がブロックされて、いくら右から押し込んでも腰は正面を向いたまま

うな動きと考えればいいでしょう。右ひざは曲げていますが、左ひざは伸ばして、左腰を回転させます。左ひざが曲がったままだと左腰が回らずに、腰が正面を向いたままになります。

左ひざの曲げ伸ばしを使って クラブを加速させる感覚をつかもう

ダウンスイングで左ひざを伸ばすとき、単に上に伸び上がるのではなく、左腰を回転させる意識を持つ

このドリルは、「地面反力」を体感するためにはとてもスタンダードなものです。

まず、アドレスの状態から右足だけを1歩引いてつま先立ちにし、ほぼ左足だけで立っているような状態を作ります。ここからスイングをスタートし、トップ（テークバック）で左ひざを曲げ、それを伸ばしながらダウンスイングします。はっきりとひざを曲げた状態から伸ばすことで、下半身からの

トップまでにはっきりと左ひざを曲げる

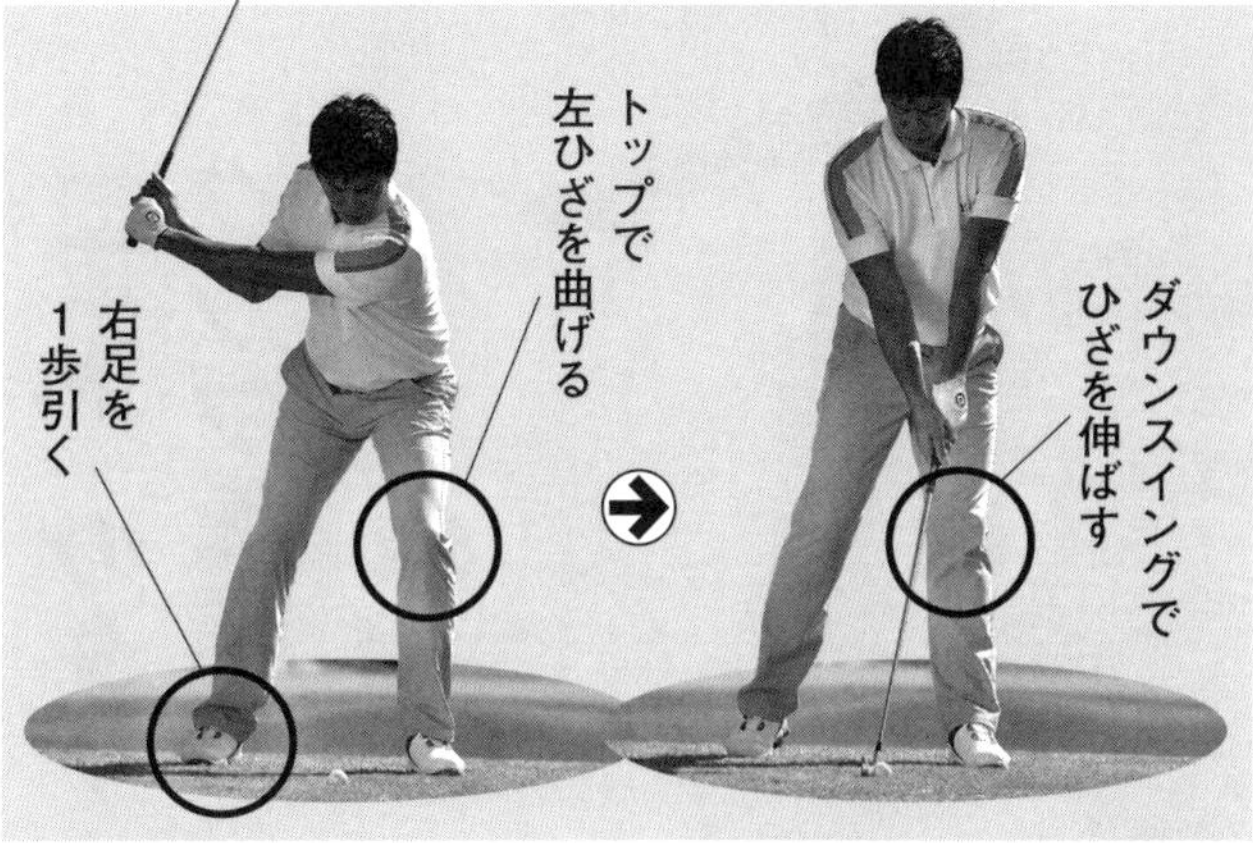
右足を1歩引く
トップで左ひざを曲げる
ダウンスイングでひざを伸ばす

実際のスイングでは、ひざの曲げ伸ばしは一瞬だが、それをゆっくり確実に行って感覚を身につける

左ひざを伸ばさないと地面反力を受けられない

左ひざを伸ばす動きは、抜重によって地面反力を受けるのに必須。曲げたままだと地面反力は使えない

始動や、抜重によって受ける地面反力の感覚などがよくわかるはずです。また、左足1本で立つ状態を作ることで、左ひざの曲げ伸ばし（加重と抜重）に簡単に意識を集中させることができます。

DRILL 6
リリースのタイミングドリル

「抜重」のタイミングに合わせてクラブを振る感覚を磨こう

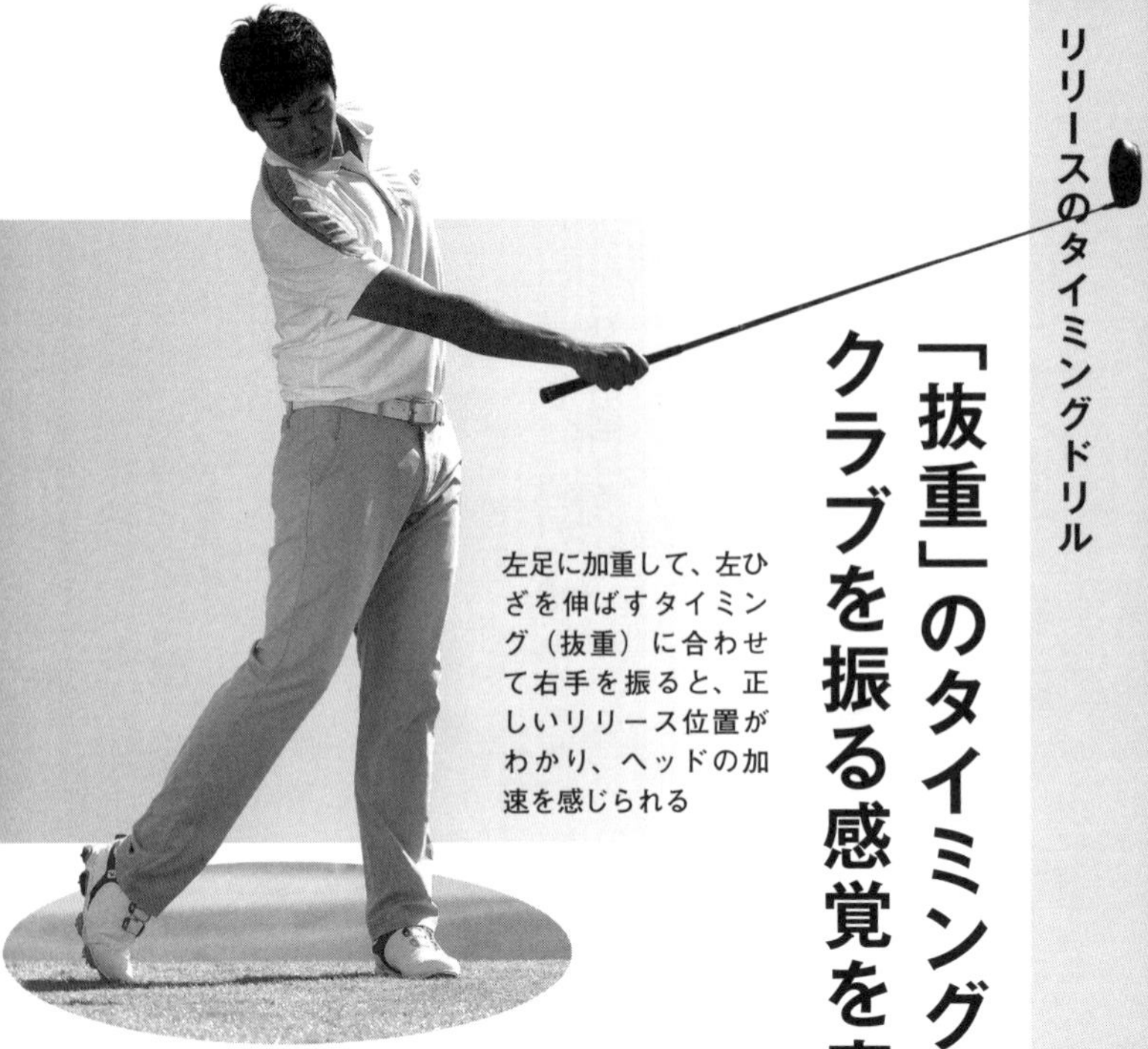

左足に加重して、左ひざを伸ばすタイミング（抜重）に合わせて右手を振ると、正しいリリース位置がわかり、ヘッドの加速を感じられる

タイミングよくクラブをリリースすることは、地面反力を利用してスイングする上でとても重要な要素になります。左足に加重したのち、抜重して左足が伸びていくのに合わせてうまくリリースできると、ダフったりトップしたりすることなく、ヘッドがぴったりとボール位置に戻ります。

この感覚を養うには、右手１本で振るドリルが最適でしょう。片手なのでクラブを支える力が弱く、

抜重のタイミングにリリースを合わせる

下半身と腕がバラバラだと必ずダフってしまう

下半身の曲げ伸ばしと、腕の振りを同調させることが大事。腕だけで振ると、ヘッドが早く「落ち」やすい

リリースのタイミングが遅いとすぐにダフってしまいます。きちんとひざの曲げ伸ばしを使いながら、正しいタイミングでリリースできると、ヘッドが気持ちよく加速する感覚もわかります。

Step2☞ ひざの曲げ伸ばしを使いながら一気に振り抜く

腰の回転のイメージができたら、最後はフィニッシュまで振り抜く。ひざの曲げ伸ばしと腰の回転をミックスする感覚がわかる

スイングの動きの中で地面反力を使ってみよう

最後は「バーチカルフォース」「ホリゾンタルフォース」「リニアフォース」の3つの力を、スイングの動きの中で全部使う感覚を養うためのドリルです。

まず、「回転力のドリル」の要領で、足裏で発生するトルクを意識しながら、トップからハーフウェイダウンまでの動きを数回、繰り返します。腰を回転させるイメージができたら、トップから一連の動きでフィニッシュまで振り

Step1 ☞ ハーフウェイダウンまでの腰の回転を数回反復する

トップから、右ひざを左ひざに寄せながら腰を回し、ハーフウェイダウンまで下ろす。これを数回、繰り返す

腰の横移動やリリースも意識する

リリースが遅れたり（左）、腰の横移動が足りなかったりすると（右）、きれいなスイングにならない

抜きます。腰の回転（ホリゾンタルフォース）に加えて、腰の横移動（リニアフォース）や、ひざの曲げ伸ばしによるクラブの加速（バーチカルフォース）を感じられれば、地面反力を使えるようになってきた証拠です。

おわりに

「地面反力」で長くゴルフを楽しもう

本書では、「飛距離を伸ばす」ということに重点をおいて、「地面反力」とその使い方について説明しましたが、「地面反力」を利用したスイングの利点は、「体に負担をかけない」というところにこそあると思います。

2018年、ひざや腰のケガで長く試合を休んでいたタイガー・ウッズがPGAツアーに復帰した際、彼のスイングを見て私は、そのシーズンの間に必ず優勝するだろうと確信しました。度重なるケガに悩まされていた頃とは違い、自分自身の筋力と、「地面反力」をバランスよく使って、体への負担が少なく、それでいて力強いスイングに変わっていたからです。実際、タイガーはその年のツアー最終戦である「ツアー選手権」で優勝し、翌19年には、「マスターズ」で11年ぶりのメジャー優勝もやってのけ、さらに日本で行われた「ZOZO選手権」で、ツアー最多勝利記録に並ぶ「82

勝」を達成しました。タイガー自身の努力はもちろんですが、彼のスイングを改良し、最高峰のレベルで再び戦えるまでに仕上げたコーチのクリス・コモの手腕も大きいと思います。

一方で、アマチュアゴルファーの中には、年齢によって「飛距離が落ちた」ことを理由にゴルフをやめてしまう人がいるのが現状です。筋力、つまり「内力」だけに頼ったスイングは、加齢による筋力の衰えによって飛距離の低下は免れません。そこで無理に「内力」の出力を上げようとすれば、ケガのリスクが高まり、それこそゴルフをあきらめざるを得なくなる状況に陥る可能性もあります。

その点、「地面反力」、つまり「外力」を利用したスイングであれば、体への負担は軽減され、ケガのリスクを最小限に抑えつつ、一定の飛距離を長く維持することが可能です。それどころか、「地面反力」の使い方が洗練されていけば、年齢を重ねてもなお、飛距離を伸ばすことができます。「地面反力」を使ったスイングは、飛距離を伸ばす手段であると同時に、長くゴルフを楽しむために必要なスイングを手に入れる手段でもあるということです。

私自身、たくさんのアマチュアゴルファーに接し、「地面反力」によって飛距離が大幅にアップするのを目の当たりにしたり、もうゴルフをやめようと思っていた高齢ゴルファーが、またコースに戻ってきてくれたりすることは、ゴルフを指導する身としてこの上ない喜びです。ゴルフにおける「飛距離」の魅力については、いまさら語る必要もありませんが、ボールを遠くに飛ばす喜びが、一部のエリートゴルファーだけに与えられた特権ではなく、誰にでも手が届くものであるということだけは、改めて言い添えておきたいと思います。

本書が、飛距離不足やスイングに苦慮するゴルファーをひとりでも多く、悩みから解放し、改めて「ゴルフが楽しい」と思えるステージに導く結果となれば幸いです。「地面反力」を使って、生涯、ゴルフを楽しむ方が増え続けることを、切に願ってやみません。

吉田洋一郎

【参考文献】
『ゴルフデータ革命』　マーク・ブローディ 著、吉田晋治 訳、
牧田幸裕 解説　2014年　プレジデント社

著　者　**吉田洋一郎**（よしだ・ひろいちろう）

世界の最新理論に精通するゴルフスイング・コンサルタント。世界屈指のコーチであるデビッド・レッドベターのレッスンメソッドを学んだ後、5年間で30回以上の海外視察を行い、米PGAのプレーヤーを指導する80人以上のインストラクターから直接指導を受ける。その他に著名なゴルフ指導者200人以上の講義を受け、21のゴルフ理論の資格を持つ。ツアープロ、シングルプレーヤーを中心に、多くのゴルファーを指導するかたわら、メディアで活躍。日本に「地面反力」の理論を広めた人物としても知られる。パッティングレッスンに一石を投じた『ロジカル・パッティング』（実業之日本社刊）ほか著書多数。1978年生まれ、北海道出身。

ワッグルゴルフブック

ドライバーの飛《と》ばし方《かた》がわかる本《ほん》

2019年12月5日　初版第1刷発行

著　者…………吉田洋一郎
発行者…………岩野裕一
発行所…………株式会社実業之日本社
〒107-0062 東京都港区南青山5-4-30
CoSTUME NATIONAL Aoyama Complex 2F
電話（編集）03-6809-0452
（販売）03-6809-0495
ホームページ………https://www.j-n.co.jp/
印刷・製本…………大日本印刷株式会社

ISBN978-4-408-33890-3（第一スポーツ）